城市轨道交通单线运营实践

——以郑州中建深铁3号线为例

主　编　曹文忠　林　瀚
副主编　孙至妍　罗建强　田　兆

郑州大学出版社

图书在版编目(CIP)数据

城市轨道交通单线运营实践：以郑州中建深铁 3 号线
为例 / 曹文忠，林瀚主编. -- 郑州 ：郑州大学出版社，
2025. 4. -- ISBN 978-7-5773-1011-4

Ⅰ. U239.5

中国国家版本馆 CIP 数据核字第 2025NG0526 号

城市轨道交通单线运营实践——以郑州中建深铁 3 号线为例
CHENGSHI GUIDAO JIAOTONG DANXIAN YUNYING SHIJIAN——
YIZHENGZHOUZHONGJIAN SHENTIE 3 HAOXIAN WEI LI

策划编辑	祁小冬	封面设计	苏永生
责任编辑	袁晨晨	版式设计	苏永生
责任校对	吴 波	责任监制	朱亚君

出版发行	郑州大学出版社	地 址	河南省郑州市高新技术开发区
出 版 人	卢纪富		长椿路 11 号(450001)
经 销	全国新华书店	网 址	http://www.zzup.cn
印 刷	新乡市豫北印务有限公司	发行电话	0371-66966070
开 本	710 mm×1 010 mm 1 / 16		
印 张	10.75	字 数	142 千字
版 次	2025 年 4 月第 1 版	印 次	2025 年 4 月第 1 次印刷

书 号	ISBN 978-7-5773-1011-4	定 价	59.00 元

前　言

技术迭代是根本,质量提升是依托,努力打造新质生产力驱动下的城市轨道交通线路。

我国城市轨道交通行业正处于快速发展的黄金时期,展现出蓬勃生机与巨大潜力。这一趋势不仅体现在线路在建里程和开通里程的持续增长上,更体现在其对城市交通体系的深远影响和对市民出行方式的积极改变中。城市轨道交通通过与地面公交、出租车、共享单车等多种交通方式的衔接,有效促进了城市交通结构的优化,形成以公共交通为主导的出行模式,提高了城市交通的整体效率。

在大数据、人工智能等现代信息技术浪潮的推动下,城市轨道交通正经历着前所未有的智慧化转型,这一趋势不仅提升了运营效率,优化了乘客体验,也为企业拓展了价值空间。智慧化运营管理的核心在于深度整合现代信息技术,实现运营的高效化、精准化与人性化,为乘客提供更加便捷、准时、舒适的出行体验。

对城市轨道交通运营企业而言,持续发展的根本目标是服务于社会,为乘客提供优质的出行服务,降低运营成本,减少政府投入,实现企业与社会、组织与个人的和谐共生。

在新质生产力的指导下,在地铁建设运营的不同时期,我们在数字化管理、绿色化运营、品质化服务方面深入探索,以技术手段为主、管理手段为辅,以技术创新驱动管理模式,实现安全与效益的平衡。

在信息化建设方面,全力挖掘信息化潜力。通过不断扩大系统应用深度,充分发挥其信息传递快、准、广的优势,有效降低人力成本,完成信息的自动流转,实现运营的全面动态管理;重点解决安全管理中闭环控制难题,减少安全管理工作量,强制标准化作业流程,实现作业结果可控,将精力投放至打牢本质安全基础上;尊重系统开发规律,发挥专业技术人员

1

作用,不断深化需求,分阶段实施升级工作,使其更适应企业运营实际情况;积极借鉴轨道交通行业的先进经验和最新科技成果,努力提升专业技能,特别是在应急管理、风险防控、标准化作业等领域,实现技术性成果的转化与应用。

在技术创新方面,关注新技术发展动态并拓展应用。我们利用现有的 5G、信息化等技术,实现列车运行状态数据收集传输;利用弓网检测系统实现轨道接触网巡检自动化,减少了作业人员的奔波;通过运行图优化,降低牵引能耗。以上技术的应用,是基于轨道交通行业检修对象的标准化,顺应现代技术发展潮流的结果,回应了作业人员对作业条件改善的诉求,满足了企业追求高质量、高效益的需求,实践了国家新质生产力发展的战略。

在实践修程修制优化方面,这一探索不仅基于近年来轨道交通信息化、自动化技术的广泛应用,也体现了行业对精益运维理念的深入理解与实践。掌握系统设备的运行原理、性能特点与故障规律,为修程修制优化提供依据;培养具备设备检修与数据分析的复合型检修人员,基于设备信息精准判断与预测,减少过度检修与漏检;管理层在战略规划与年度计划中明确修程修制优化的目标与路径,确保资源的有效配置与目标的一致性。实施中,按照设备类别与检修周期,分阶段推进修程修制优化工作,优先考虑对运营影响大、维护成本高的设备,逐步扩大应用范围。香港地铁作为全球领先的运营商,其修程修制优化策略值得借鉴,我们的进步空间仍旧很大。

总之,城市轨道交通(简称城轨)运营的根本落脚点在于设备的维护保养,提高服务可靠度,压降运营成本。本书重点介绍中建深铁 3 号线,即郑州市轨道交通 3 号线运营发展过程中在创新驱动下的新技术及配套的管理手段,这是新质生产力形势下轨道交通运营的一系列探索与实践。

实践过程中,有对轨道交通行业先进经验的借鉴,更有管理、技术人员为之付出的智慧和汗水,在此一并致谢。同时如有谬误之处,敬请指正,共同提高!

作　者

2024 年 9 月

目　　录

第一章
新质生产力下的城轨运营发展

时代召唤行业发展,在新质生产力引领下,行业发展需要加快步伐。轨道建设、运营技术持续迭代推动,信息技术、AI 技术的助力,使城市轨道交通行业向着信息化、智能化、绿色化的方向全面转型升级。城市在提高运营效率、质量的同时,构建了安全、高效、绿色、智能的现代城市交通体系。技术创新引领,行业正在践行高科技、高效能、高质量理念的征途上。

动荡时代最大的危险不是动荡本身,而是仍然用过去的逻辑做事。

一、城市轨道交通行业

当前,全球发展危机主要表现在发展能力不足、经济增长乏力。我国为应对自身发展问题,提出了发展新思路——新质生产力。它是依靠创新驱动形成的生产力,"新"是以新技术、新经济、新业态为主要内涵的生产力,"质"是强调把科技创新作为生产力的关键要素。

轨道交通作为城市脉络的大动脉,正经历着一场由新质生产力引领的深刻变革,向着智慧、环保与高效并重的未来迈进。回顾过去,自2000 年至 2019 年,城市轨道交通蓬勃发展,上海、北京、广州、深圳、成都、武汉等城市的轨道交通体系从单一线路运营迅速发展为线网运营;迈入 2019 年,随着《交通强国建设纲要》的出台,智慧交通的愿景被正式提上日程,旨在通过大数据、互联网、人工智能、区块链及超级计算等尖端科技的融合应用,重塑交通行业格局。这标志着中国城市轨道交通步入全新纪元,行业重心由追求速度规模向注重质量效益转变,由依赖传统要素驱动转为创新驱动。

新质生产力的崛起,尤其是数字化、智能化技术的广泛应用,推动城市轨道交通行业向更高层次的现代化转型。这一转型不仅体现在技术层面的革新,更涉及运营模式、服务理念乃至行业生态的全方位升级。

技术革新的核心在于智能化、乘客服务与绿色低碳三大维度的深度融合与创新实践。首先是智能化运营,通过大数据分析、人工智能算法,实现对客流预测、故障诊断、能源管理等方面的精准调控,大幅提升运营效率与安全性;其次是乘客服务升级,移动支付、电子票务、智能客服机器人等数字化服务的普及,极大地方便了乘客出行,提升了乘车体验;最后是绿色低碳转型,采用节能技术、新能源列车以及优化能源管理策略,推动城市轨道交通向低碳环保方向发展,响应全球可持续发展目标。

运营模式的创新正逐渐成为推动行业转型升级、提升服务品质的关键力量。一是跨界融合,与互联网、物联网等产业深度融合,构建开放共享的智慧交通生态系统,促进信息互联互通,为乘客提供一站式出行解决方案,如无缝换乘、多模式联运等服务;二是数据驱动决策,基于大数据分析,实现资源的精准配置和运营的精细化管理,比如动态调整运力、优化线路规划,提高资源利用率,降低成本,增强运营的灵活性和市场响应速度;三是社会参与,鼓励公众、企业等多元主体参与城市轨道交通的规划、建设和运营,形成共建共治共享的社会治理格局,如通过众包、众筹等方式筹集资金,提升公众的参与感和满意度。

行业生态的重构正成为推动产业升级、促进技术创新和提升国际竞争力的关键策略。一是产业链协同,推动上下游企业、科研机构、高校等形成紧密合作的创新网络,共同研发新技术、新产品,促进产业升级和技术创新;二是人才培养体系,建立产学研用相结合的人才培养机制,注重跨学科、复合型人才培养,为行业输送具有国际视野和创新能力的专业人才;三是国产化率全面提升,减少了对关键设备部件材料的依赖,使行业安全整体可控;四是国际合作交流,加强与国际同行的交流合作,引进国外先进技术和管理经验,同时输出中国标准和解决方案,提升我国城市轨道交通的国际影响力和竞争力。

在新机遇下,城市轨道交通行业也面临着新的问题与挑战,列举如下:

(1)资金缺口。轨道交通运营需要持续的资金投入,依靠财政支持、票价收入和社会资本参与仍压力巨大。

(2)安全风险。随着网络化运营规模的不断扩大、运营年限不断延长、极端天气等自然因素的影响,安全挑战日益增多。与此同时,公众对地铁安全的要求也在不断提高。过往案例引起了社会各界的高度关注,也对运营安全提出更高要求。

(3)人才需求。数智化转型提高了运营效率,对专业人才的技能要求日益提升,具备跨学科知识背景的技术人才成为行业发展的迫切需求。构建与行业发展相适应的人才培养体系,提升从业人员的技能水平势在必行。

(4)运输效率。运能和运量间的匹配有待提升,提升高峰期运能以满足需求,合理安排低峰期运能,提高利用率,关注不同线路间的运能匹配度,提升整体效能。这就要求在规划线路、调整班次、优化票价等方面做出灵活应对。

(5)环境影响。提升绿色出行的吸引力,降低能耗、减少排放,是城市轨道交通行业的社会责任,利用技术降低单位出行能耗,成为推动行业绿色转型的关键。

二、郑州市轨道交通 3 号线概况

郑州市轨道交通 3 号线全长 31.804 公里,设一段一场,车站 25 座,采用 A 型车 6 节编组,最高时速 80 km/h,一期、二期分别于 2020 年 12 月 26 日、2023 年 9 月 8 日开通初期运营。地铁 3 号线线路图见图 1.1。

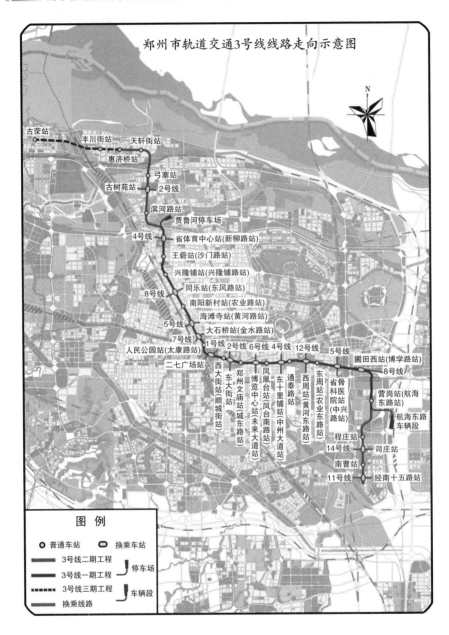

图 1.1　地铁 3 号线线路图

得益于行业内近 40 年的技术积累,3 号线自蓝图落地,始终坚守技术引领的核心理念,致力于推进先进设备应用、降低传统人力工作量,设备故障率大幅降低,乘客体验感不断提升。在运营实践中,围绕科技赋能、配套管理与社会效益三条主线,实现了高品质运营的持续提升。

(1)科技赋能:创新驱动,控本增效

检修运维的智能化运用:积极引入新技术,推动检修运维从"人检"向"机检"、从"计划修"向"精准预防修、状态修"转变,这一系列创新有力支撑了检修规程与巡检周期的优化,显著提升了生产运作效率,实现了运营成本的有效控制。

节能降耗的创新举措:依托节能产品与技术的应用,积极探索新节能措施,通过生产组织优化、设备升级与模式创新等方式,有效降低运营能耗成本,践行绿色运营的坚定承诺。

信息化平台的全覆盖:搭建信息化平台,实现"人员少跑腿,数据多跑路",有效提高生产运作效率,确保运营的精准与高效。

(2)配套管理:灵活用工,控制成本

技术驱动下的人力资源配置:锚定设备技术特性,优化修程修制,精简作业流程,构建精准人机配置模型,提升人力效能,实现成本有效控制。

多样化的用工模式:结合业务市场化成熟程度,采用多种用工模式,打造公司内外部人力资源高效调配机制,利用成熟的市场资源,实现人力运营成本的有效控制。

(3)社会效益:服务行业,增益创效

创立职业技能鉴定站:与职业院校联合创办城市轨道交通列车司机职业技能鉴定站,有效整合专业资源。与其他地铁线路、轨道交通学院、交通职业技术学院等建立合作关系,实现资源共享与优势互补,服务行业。

在基础运营指标、运营效益指标、运作效率指标三个方面取得了一定的成绩:

(1)基础运营指标

线路日均客运量自初期的12.56万人次稳步攀升至20万人次,最高客运量达43.4万人次,承担当地轨道交通客运量比例超过10%。关注行业协会确定的 16 项关键指标*,这些指标全面反映了线路的运营效率、安全性能与乘客满意度。在过往运营中,3 号线在这些指标上的表现位于中上水平。

(2)运营效益指标

据不完全统计,扣除政府补贴后,2023 年,在 29 座城市城轨运营企业中,有 1 家盈利,其他 28 家亏损。在此背景下,我们持续致力于降本减亏。

——与同行业运营成本比较

运营成本中,3 号线薪酬占比 54%,处在行业水平 50% ~ 60% 的低水平;运营能耗占比 12%,处于行业水平 12% ~ 20% 的最低水平;生产维修费占比 4%,低于行业水平的 6% ~ 20%;营运及管理费用占比 29%,高于行业水平的 5% ~ 20%。

——与同行业车公里成本比较

以 2023 年度的数据为例,城市轨道交通协会统计的北方城市中,同行业企业的平均车公里成本为 30.49 元。国内主要城市轨道交通车公里成本为 15 ~ 25 元,平均为 20.29 元,其中 B 型车 18 ~ 20 元,A 型车 22 ~ 24 元。3 号线采用 A 型车,车公里成本为 17.55 元,处在较低的水平。

——与同行业每公里运营成本比较

每公里运营成本 2023 年为 1230 万元/公里,与同期单线运营的地铁公司数据作对比,处于较低水平。

(3)运作效率指标

运作效率指标有生产效率类和能耗类。

---

* 城轨交通行业 16 项关键指标包括:列车正点率、列车运行图兑现率、列车退出正线运营故障率、列车服务可靠度、站台门故障率、车辆系统故障率、供电系统故障率、信号系统故障率、自助售票机可靠度、进出站闸机可靠度、自动扶梯可靠度、垂直电梯可靠度、乘客信息系统可靠度、百万乘客有效投诉率、有效乘客投诉回复率及城市轨道交通服务质量评价。

生产效率类指标是指通过各类岗位的劳动生产率来衡量整体运作效率的指标。3号线采取差异化培训、生产组织优化及业务委外模式等管理手段,有效提升了人力资源管理的效率。

每公里配员是衡量城轨运营企业生产运作效率的关键。在运营筹备期,确立了"技术先导,管理配套"的人力配置理念,从设备设施的采购、设计、调试等环节入手,尽最大的努力以设备取代人力,降低每公里配员数量。最终定编1352人,定员标准42.51人/公里,与同期同行业相比,低于小规模线网公司平均值及非网络化运营企业平均值。

在运营期,致力于提升内部员工岗位技能,逐步实现在人员不增加的前提下,以绩效激励员工多劳多得,将委外业务范围不断缩小;通过信息化技术减少生产岗位的辅助性工作量,如作业记录填写,作业任务的下达及反馈,作业前后的准备及收尾等,保证完成检修作业任务的前提下实现人员精简;研究设备状态,适当延长检修间隔,在故障率可控前提下,车辆检修从日检到双日检、四日检,逐步减少检修作业量。

能耗类指标主要衡量地铁运营整体及平均能效水平。运营以来,公司全面探索节能新模式,调整生产运作方式,严控节能指标,不断提升运营能效水平。在牵引能耗方面,通过根据客流情况动态调整线路运输计划、研究编制节能运行图、优化列车牵引节能曲线等方式控制牵引能耗水平。2023年,车公里牵引能耗为 $1.42\ \mathrm{kW \cdot h}$。据城市轨道交通协会统计,2023年,城轨交通行业平均车公里牵引能耗 $1.84\ \mathrm{kW \cdot h}$,车公里牵引能耗远低于行业平均水平。

在车站动力照明能耗方面,引进先进技术,开展"风水联动"节能控制系统、智慧照明节能系统、隧道照明载波智能控制等项目的试点研究,加强车站照明、用电管理,从能耗指标来看,每站动力照明能耗均呈现逐年下降趋势。

第二章
建设服务运营

城市轨道交通是集多专业为一体的系统工程，主要包括车辆、轨道、信号、供电、消防、通信、机电、自动化、自动售检票、站台门等。在建设期，企业运营筹备除了人员方面，更重要的是设备设计与制造。建设服务运营理念贯穿在整个建设期，沿乘车出行路径，提升其眼观、耳听、手触、脚行的体验感；以检修作业为轴，提升系统稳定性、作业便利性；围绕安全运营，从设备安全性能入手，提升设备安全性能，减少安全管理压力，达到本质安全；从设备配置清单、功能设计等方面着力，共享行业发展成果，以新技术保障运营高质量，进而取得高效能。

客服设备作为面向乘客的窗口，直接影响着地铁运营服务水平。

地铁线路从建设到运营，不仅仅是技术、工程的论证，更多的是参与者付出的智慧与心血。从地铁建设立项批复到开工建设，从建成验收再到运营筹备，每条新线路的正式投入运营，往往需要三至四年的时间。

地铁运营筹备阶段与建设期有部分时间重叠，在这一时期涉及面广、工作量大、协调复杂，工作难度不亚于地铁设计、建设。地铁运营筹备系统多、时间长、难度大，主要包括车辆、轨道、信号、供电、消防、通信、机电、自动化、自动售检票、站台门等30多个专业所涉及的设备系统。

客服设备作为面向乘客的窗口，直接影响着地铁服务水平。在运营筹备期，重点围绕乘客乘车体验、安全出行及设备维护便利性三个方面,坚持技术创新投入,在电客车、供电系统、站台门等设备上大胆引入新技术,以最大努力实现运营期设备的投入,满足乘客个性化需求,为保障作业安全和设备维护的便利性提供了可能。

一、设备配置与服务需求相匹配

在地铁建设期的设备筹备工作中,设备配置的前瞻性和乘客需求的精准匹配是提升乘客体验、确保运营效率的关键。地铁作为城市公共交通的骨干,其服务对象广泛,包括不同年龄、职业、出行目的的乘客群体。因此,设备配置不仅要满足基本的运输需求,更要兼顾乘客的个性化需求,提供安全、舒适、便捷的乘车体验。

(一)优化设备配置

一是全面统筹,合理规划设备配置。在投资额范围内,基于设备功能、备品备件、厂家培训、质量保证、设备性能、冗余备份、维护更新等因素,做好设备全生命周期内的选型。

车站设备配置方面,充分考虑移动支付手段的社会化潮流,3号线较设计核减自动售票机130台、半自动售票机42台、便携式检票机42台、自动点票机42台;立足运营实际需求,将800 M手持台由原需求数量550台核减至350台。统一整合通信、AFC、综合监控、BAS、门禁等专业后备电源,由通信专业负责维护,节约设备购置成本,节省机房整体建设空间,同时在整合后的电源系统维护方面,节约了人力成本,提升了近60%的维修效率。

段场设备配置方面,充分考虑运营后的实际需求,较设计核减2台内燃轨道车、车床铣床等机加工设备,降低轨道及机电专业工器具配置,核减费用约2000万元;对车辆架大修设备延后4年招采,节约1600万元的资金利息及后期设备维护保养费用每年480万元;取消钢轨打磨车采购,节约 600 万元的资金利息及后期设备维护保养每年 240 万元,同时,对钢轨打磨方式进行调研,开展采购、租赁或委外打磨对比分析,根据调研结果及运营需求确定合理的钢轨打磨方式,为后期运营优化班组结构,降低人力、运维成本奠定基础。

二是贴近运营,关注运维服务细节。在车辆总体中标价不变的情况下,引入 LCU 无触点逻辑控制、陶瓷喷涂、丝网印刷、变频空调等一系列新技术、新工艺,着力优化车辆各系统设计细节,丰富车辆相关部件功能,为高质量运营服务及智能化运维奠定了坚实的基础。综合监控系统制定各专业设备放置标准,应用一体化车控室,对外提升服务形象,对内提升工作效率。

三是努力创新,践行智慧运维新理念。地铁车辆增加及完善智慧运维软硬件,包括走行部振动监测系统、受电弓运行安全监测管理系统、车门在线检测系统、乘客拥挤度信息显示系统、地铁列车健康管理系统。站内客运设备均配置远程监控系统,信号系统实现蓄电池组在线状态监测,实时监测 UPS 电源的运行状态。故障信息可直接报送至维修工班及检修人员,实现快速响应。以上突破是今后在更广范围内开展智慧运维的必要条件。

(二)安全高效乘车

车站安检机采用双源双视角型,提高安检准确率和进站效率;在站台门上加装地槛光带,保障乘客上下车更加安全;自动扶梯配备立体警示装置,便于应急操作,减少应急处置时间;垂梯加装平衡位补偿装置,利于极限情况下的困人解救。多措并举,为安全高效乘车提供技术保障。

接下来,对双源双视角安检机、垂梯加装的平衡位补偿装置和列车车厢拥挤度监测功能的技术特点进行重点阐述。

1.安检机采用双源双视角型

X 射线安全检查设备(以下简称安检机)均为双源双视角型。与单源单视角型安检机相比,大型双源双视角型安检机更加适用于机场、铁路、城市轨道交通等大流量、包裹携带比率高的场所。该类型安检机射线从水平和垂直两个面进行照射,能够快速对安检图像中违禁品进行自动识别并标注后输出在显示器上;安检工作人员通过标记信息直接确认违禁品种类,从而提升安全检查和识别违禁品的处置效率。

双源双视角型安检机的技术优势较为明显。X射线采用双视角设计,垂直、水平两个视角的图像同时显示,能够揭示更多包裹内部信息,从而有效减少由于物品重叠带来的干扰,提高判图员的识图准确性,极大地提高了安检效率。此外,该类型安检机提供低、宽且大的传送通道,带来更高的负荷能力,极大地方便了大件行李或物品的安检,从而提升了客流通过能力和服务品质。对于一些具有明确目标物的检查,如刀具、爆炸装置等,根据自动识别系统,可以更加准确地判断物体整体外观,通过颜色标注或者语音等功能提醒安检员注意,增强了安全检查识别率。目前地铁安检的规格越来越高,该类型安检机可随着产品的更新迭代,减少后期设备升级、更新,降低后期运营成本。

通过采用双源双视角型安检机,提高了车站安检点违禁品识别准确率与乘客通过效率,同时有效降低了安检员的劳动强度和危险品的漏检风险,提高了违禁物品的查处效率,满足车站日益增强的反恐工作需要。

2.垂梯设置平衡位补偿装置

补偿装置是垂梯设备的重要部件,主要作用在于减少垂梯在运行过程中因平衡系数发生变化对设备本身造成的震动和损坏,提高垂梯的运行效率和安全性。

在垂梯的运行过程中,由于乘客或货物的进出或者防坠安全装置的启动,轿厢的重量会发生变化。为保持轿厢的平稳运行,减少摇摆和震动,可通过补偿装置来平衡轿厢的重量变化。补偿装置通过自身重量向滑动部件施加拉力,以达到消除或减少电梯滑动部件因自重、额外载荷等因素引起的膨胀、收缩形变的情况,有助于减少垂梯运行噪声,提高乘客的舒适度。

另外,补偿装置还能对垂梯运行中产生的动能、制动力等因素进行补偿,有助于减少垂梯的震动,保证垂梯的安全性和稳定性,提高使用寿命,降低维护和更换成本。

3. 列车车厢拥挤度监测

列车车厢拥挤度监测功能主要基于制动系统反馈载荷信号及车辆定义的空载 AW0、定员 AW2 进行计算,通过车辆 TCMS 传递给车载 PIS 发送至地面 PIS 显示系统进行显示,可提前告知候车乘客预到站车辆各车厢乘客的分布情况,引导乘客前往空闲的车厢乘坐列车。

列车拥挤度信息功能,没有额外增加数据采集设备,也未额外增加电气接口。通过软件设计,优化列车 TCMS 系统、车载 PIS 系统软件,增加车地无线数据传输接口,并对地面 PIS 屏增加列车拥挤度显示界面,实现了车厢拥挤度信息的上传显示功能。

电客车普遍使用空气弹簧来承担车厢重量。空气弹簧的气室内设有气压传感器,气压值可换算为簧上载荷值。列车制动系统会使用此载荷值来计算所需的制动力,以实现精确制动,由于车辆运行过程中,车厢本身的重量是基本不变的,因此车厢弹簧承重相对于空车重量的增量就是该车厢乘客的重量,进而根据乘客的总重量可以大致换算成载客率或人数。车厢的拥挤度信息由 TCMS 计算完成,通过计算车厢增加的重量,参照每人平均体重为 60 kg,不考虑特别身材者、小孩、大件行李等对拥挤度的影响,换算车厢承载的乘客数量。基于列车荷载等级,客室拥挤度信息划分 5 个等级,以人形图表显示,车厢拥挤度状况自低到高分别为:1 个绿色人形图标,2 个绿色人形图标,3 个绿色人形图标,4 个黄色人形图标,5 个红色人形图标。在车站 PIS 屏上,如车厢显示 4 个黄色人形图标或 5 个红色人形图标,表明该车厢较为拥挤或非常拥挤,乘客可前往非拥挤的车厢乘车。列车车厢拥挤度显示见图 2.1。

第1节车厢空闲　第2节车厢空闲　第3节车厢拥挤　第4节车厢拥挤　第5节车厢非常拥挤　第6节车厢非常拥挤

图2.1　列车车厢拥挤度显示

自运营以来,车厢拥挤度信息为乘客提供了直观的列车车厢拥挤度状况,引导乘客前往空闲车厢乘坐,为乘客提供了高质量的服务。在高峰时段,站务人员可依据站台 PIS 屏显示的列车拥挤度信息,引导乘客前往空闲车厢位置候车,缓解站台扶梯处的乘客密度。车厢拥挤度信息同时在 HMI 屏进行显示,司机通过 HMI 屏了解车厢的乘客密度后,通过人工广播引导乘客前往空闲车厢,提高了乘客乘坐的舒适度。

（三）个性化乘车

1.电客车设置新风智能控制

随着城市轨道交通的快速发展,电客车车厢空调舒适度与节能性越来越受到关注,于新车设计阶段超前谋划,为空调系统设置新风智能控制技术。

由于电客车载客量大,必须向车内通入新风不断更换车内的空气,使车内空气保持一定的新鲜程度。按照《地铁车辆通用技术条件》（GB/T 7928）,每人每小时至少需要 10 m^3 的新风量。传统电客车空调装置均采用定量新风系统,新风带来的显热和潜热占了空调装置冷负荷的很大一部分。地铁车辆的定员较多,乘客人数随时间、区段的变化很大,上下班高峰期和繁华地段的乘客最多。在车内非满员状态下,多余的新风会增加车内冷负荷,从而造成电能的浪费。

在车辆内外环境温湿度一致的条件下,空调一般通过减少车辆热负荷的方式达到制冷时空调节能的要求,因此,科学有效地减少车辆热负荷通常是通过降低新风热负荷的方式实现的。常规定频空调新风量调节方案控制方式单一,新风量分为"全开、半开、全闭"三档,根据空调工作状态进行调节,如遇冷时新风口全闭,紧急通风及正常制冷通风时新风口全开等。电客车对车体参数及人员载荷进行负荷计算,确定空调机组总体方案,并根据载客量信号智能开合新风口的方式使新风量变化。3号线列车新风口根据TCMS提供载客量信号智能开合,空调控制器接收载客量信号并调节新风门的开度,达到调节新风量的目的,满足人均每小时新风量10 m³以上的基本要求。电客车的新风智能控制系统能够实时感知车辆载荷变化,从而动态调整空调的运行策略。

新风智能控制系统的自动调节功能实现了能源的高效利用,有效降低了空调系统的能耗,提升了空调利用效率。经统计,电客车空调系统能耗降低了约15%。在保障乘车舒适度的同时,实现了节能降耗的目的。

2. 电客车设置强冷、弱冷车厢

地铁车厢环境的舒适性是乘客高度关注的一个方面。车厢内温度过高或过低,都会影响乘客的乘坐体验。现实中个体乘客的体感也存在差异性,地铁乘客投诉中央空调的问题一直居高不下。为进一步提高服务质量,3号线采取了同车不同温的空调设定模式,在不同车厢设定不同温度,使乘客可按需选择车厢搭乘。结合PMV*热感觉数据分析,选取电客车的1车和6车,设置弱冷空调车厢。

设置强冷、弱冷车厢(图2.2)是一种人性化、智能化和节能降耗的设计方案,充分考虑了乘客的个性化需求,体现人性化的设计理念,提高乘客的满意度和体验感。它的技术特点主要体现在空调系统的智能化和分区控制上,具体来说,电客车配备了先进的智能温控系统,能够实时监测车厢内温度,并根据预设的温度范围自动调节空调的运行状态;通过分区控制将车厢划分为强冷车厢和弱冷车厢,并在车厢内部通过明显的温度标识,让乘客可以清晰地了解各个车厢的温度情况,确保能够根据自身需

---

* PMV指标综合了人体变量和环境变量6个影响人体热舒适的因素,是迄今为止评价热环境最全面的指标。

求选择适合自己的车厢。

图2.2　强冷、弱冷车厢

　　强冷、弱冷车厢的设置在一定程度上增加了空调系统的复杂性,但通过合理的控制和设计,能够实现更精准的分区温度调节,确保车厢内温度的稳定性和舒适性,避免传统空调系统因过度制冷或制热而造成的能源浪费。在乘客较少或夜间等低峰时段,空调系统可以自动进入休眠模式,降低能耗。根据实际应用情况,设置强冷、弱冷车厢后,电客车的整体能耗并未显著增加,反而由于更精准的温度调节和智能休眠功能,实现了节能降耗的效果。

　　3.电客车设置座椅电加热装置

　　根据不同季节的温度变化,在车厢内为乘客提供不同的乘车环境。在夏季,为乘客提供强冷、弱冷车厢;在冬季,通过座椅电加热装置,提供直接的加热效果,迅速提升座椅温度,改善乘客的乘车体验。

　　电客车座椅(图2.3)采用的是具有节能环保、寿命长、质量轻等诸多优点的电伴热座椅,为不锈钢材质,夏季可为乘客提供清凉舒适的乘坐体验;内部设有电加热模块,冬季可通过加热为乘客提供温暖。

图 2.3   电客车座椅

座椅电加热装置采用电加热技术,能够迅速提升座椅表面温度,为乘客提供温暖的乘坐环境;配备温度传感器和智能控制系统,可以根据环境温度自动调节座椅加热功率,避免过热或不足。断路器作为过载、短路、漏电等保护之用,当电伴热带出现异常时,自动切断电源,防止触电,同时座椅内设接地螺套,将不锈钢座椅与车体可靠连接,防止电伴热带内部绝缘破损或金属外壳带电危及乘客人身安全及设备安全,确保使用过程中的安全可靠性。

在节能降耗方面,结合载荷传感器,当乘客人数变化时,优化加热温度曲线,实现智能控制;在低峰时段或车厢空载时,系统自动降低座椅加热功率或关闭部分座椅加热功能,进一步降低能耗;座椅电加热与空调系统协同工作,降低空调制热负荷,从而实现整体节能。

座椅电加热装置在技术特点、人性化设计、节能降耗、提升乘坐舒适性和加装后的数据变化等方面均表现出显著的优势和效果。据测算,加装座椅电加热装置后,空调系统的制热负荷可降低 10% ~ 15%。通过智能调节和分时控制等措施,座椅电加热系统的能源利用效率可达到 90% 以上。根据乘客反馈和调查数据显示,加装座椅电加热后,乘客的满意度普遍提升 10% ~ 20%。

二、技术提升检修的便利性

城市轨道交通车辆检修工作是一项复杂而精密的任务,涉及电气、机械等多个领域的专业知识和技术。在这一过程中,电气维修和机械维修占据了核心位置,前者涵盖了受电弓、牵引系统、照明设备等关键组件,后者则包括转向架、车门、车体等核心部件。然而,传统检修作业面临着三大难题:检修技术难度高、设备修复周期长、检修投入成本高。面对这些挑战,积极寻求突破,通过引入行业内外的先进技术,实现了技术创新,有效破解了设备维修的"三大难题"。

(一)电客车新技术

1. 模块化设计,降低维保成本

电客车模块化设计实现了设备安装的标准化,部件检修的模块化更换提高了设备的工作稳定性,也提升了设备维护检修的效率,降低了设备维保成本。

电客车分为车体、内装、转向架、车钩缓冲装置、空调、电气牵引系统、制动和风源系统、辅助电源系统、列车控制及监控系统、广播设备和乘客信息显示系统、照明系统等部分,每一部分都是一个独立的子系统,具有一致的几何连接接口和输入、输出接口单元,相同种类的模块在产品族中可以重用和互换,相关模块的排列组合就可以形成最终的产品。

在制动系统设计方面,分为制动控制模块、风源模块、风缸模块、风管模块、基础制动装置五个模块,每个模块单独设计,各辆车尽量统一,保证互换性原则。

在车钩设计方面,在保证各车辆车钩的机械、电气解钩完全一致的前提下,同种车钩可以相互替换,提高了设备的标准化设计,这样在设备维护时,可储备较少的备件。

在牵引系统设计方面,牵引系统各模块采用通用的小模块设计,大模块与大模块之间,小器件与小器件之间,具有互通互换性;在备件储备时,可以采用最少的备件储备,应对整个系统的故障处置。

在车载 PIS 系统设计方面,车载 PIS 系统上的各种设备不仅具有可互换性,司机室交换机和客室交换机之间也具有可替代性。司机室广播和客室广播主机同样采用模块化设计。

在电气柜设计方面,将电气柜可保持不变的部分标准化,即对柜体焊接结构、安装接口、主要结构形式等进行模块化,具有重量轻、强度高、降低产品生产成本的特点。模块集成设计,增加了预装工作量,但简化了电气柜与车辆各个系统之间的电气和机械接口,降低了车辆在整车调试过程中的故障率,缩短了产品设计周期,提高了生产效率。

电客车各系统均采用模块化设计,统一机械和电气安装接口,减少紧固件、连接器、电缆使用的型号。在故障处理时,只需将故障的单个模块进行更换,整个设备无须拆解更换,提高了设备的可维护性,降低了设备维护成本。

2. Wi-Fi 传输,地铁数据畅行无阻

随着地铁智能运维技术的不断发展,车载数据的收集和分析已经成为保障地铁运行安全和提升运转效率的重要手段。在这一背景下,通过在检修库内增加 Wi-Fi 传输设备,实现列车在入库后的数据自动回传,极大地提高了技术人员获取车载数据的效率。

检修库内,Wi-Fi 传输系统覆盖了所有列车走行部在线监测系统、弓网监测系统、车门系统、网络系统 EDRM 以及 PIS 在内的主要监测系统。经测算,走行部在线监测系统每天产生数据量约 2.1 GB,弓网监测系统每天产生数据量约 15.1 GB,车门系统每天产生数据量约 190 MB,网络系统 EDRM 每天产生数据量约 700 MB,PIS 每天产生数据量约 42.3 GB。

在入库后,列车通过 Wi-Fi 传输系统将各子系统产生的数据自动传输至地面智能运维平台。传统的车载数据传输依赖于人工下载,操作复

杂且耗时;通过应用 Wi-Fi 传输系统,消除了前述这一环节,加之支持断点续传功能,确保了数据传输的完整性和可靠性。检修库内 Wi-Fi 传输系统具备高效、自动化和智能化等显著特点,极大提升了车载数据的传输和管理效率。通过库内 Wi-Fi 实现高效的数据传输,每列车在入库后的1 小时内即可完成大约 18 GB 的数据传输。

为进一步确保各系统数据传输的高效性,Wi-Fi 传输系统还提前对带宽进行了合理分配。弓网系统分配带宽 24 M,PIS 分配带宽 12 M,走行部监测系统分配带宽 2 M,车门系统和网络系统 EDRM 分别分配带宽1 M 和1.5 M,并预留 7.5 M 的带宽以应对突发需求。这种带宽优化分配机制,确保了每个系统的数据能够在最短的时间内完成传输,满足地铁运行过程中对数据及时性要求较高的需求。

此技术的落地,使得技术人员不仅可以实时监控列车各系统的运行状态,还能够在离线状态下对历史数据进行详细分析。例如,PIS 的视频数据和弓网系统的燃弧视频均可通过 Wi-Fi 传输系统在列车入库后传输至地面智能运维平台,支持技术人员进行后续的详细分析和故障诊断,能够及时发现和处理潜在问题,确保列车运行的安全性。库内 Wi-Fi传输系统以其高效的数据传输、优化的带宽分配和自动化的传输管理,显著提升了车载数据的传输和使用便利性,通过实时监控和快速故障响应等重要手段,为地铁运营的安全性和高效性提供了有力支持。

3. 依托车门智能运维系统,提高维保效率

为顺应轨道车辆智能化发展的趋势,促使检修模式从“预防性维修”向“预见性维修”的转变,实现车门全寿命周期成本的大幅降低,电客车集成了车门智能运维功能。得益于车门智能运维功能,车门的运行数据集中采集、传输、分析、诊断,通过提前对车门系统的健康状态进行诊断预警,并指导人员提前进行相应维修,极大地提高了地铁车门系统的运行可靠性及检修维护水平,降低了运维成本,改善了地铁运营秩序。

传统电客车的每个车门均由单独的门控器控制,在车门软件升级及

维护时需要逐一打开对应门的门驱盖板,连接门控器维护端口,登录维护软件,分别进行升级,这使得工作量较大,作业效率受限。电客车车门系统实现了单节车门软件集中刷新,提升了电客车的检修效率和一致性。

目前,车门系统可以实现的智能运维功能除了集中进行软件更新升级外,还包括:车门状态的远程实时监测,如列车运行状态信息、关键监测参数的实时监测功能;车门的故障诊断,即自动采集车门各种运行参数信息,发送给地面诊断系统,判断当前车门是否产生故障并给出故障原因和检修方案;车门亚健康状态分析,即将采集到的车门各种运行参数与车门的历史数据进行对比分析,判断车门是否处于亚健康状态,并给出未来可能出现的故障和检修范围。

除此以外,车门智能运维还具备以下优势:

(1)智能化控制:单节车门集中刷新技术通过引入先进的控制系统,实现车门系统的智能化管理。这一技术使得车门系统的操作更加便捷、高效,同时提高了系统的可靠性。

(2)分区控制:通过对车门系统进行分区控制,可以实现对单节车厢内所有车门的集中刷新。这种分区控制策略不仅提高了车门系统的响应速度,还增强了系统的灵活性和可扩展性。

(3)精准定位:采用先进的定位技术,可以实现对每个车门位置的精准识别。这有助于在刷新过程中确保每个车门都能得到正确的处理,避免了因位置错误导致的刷新失败。

(4)减少刷新时间:传统的车门刷新方式需要逐个对车门进行操作,效率低下,而单节车门集中刷新技术可同时对单节车厢内的所有车门进行刷新,大幅缩短了刷新时间。

(5)优化工作流程:集中刷新技术的应用,可以优化车门系统的维护工作流程。通过减少重复操作和等待时间,提高了工作效率,从而节约了工时成本。

(6)提高数据的准确性:集中刷新技术通过统一的数据接口和协

议,确保了在刷新过程中数据的准确性和一致性。这有助于减少因数据错误导致的刷新失败和软件故障。

（7）增强系统的稳定性:通过减少因个别车门故障导致的整个系统崩溃的风险,提高了系统的可靠性和可用性。

（8）提高数据的收集效率:集中刷新技术可以实现对车门系统状态数据的快速收集和整理。这有助于运营人员实时了解车门系统的运行状况,及时发现潜在问题并进行处理。

（9）量化分析:通过对收集到的数据进行量化分析,可以评估车门系统的性能和刷新效果。例如,比较不同时间段内的刷新时间、错误率等指标,从而评估技术改进的效果并持续优化系统性能。

电客车车门系统实现单节车门集中刷新,在技术创新、节约工时、减少软件刷新错误率以及取得数据量化的效果等方面都具有显著优势。

4. 采用 C-C 半永久牵引杆,减少配件种类

车钩缓冲装置主要用于列车牵引、制动、连挂、调车过程中牵引力、制动力的传递,确保车辆始终为一个整体,为列车核心设备之一。不同种类的车钩按照所处的位置、对车辆起到的作用,以及对超载采取的保护措施等方面的特点,可分为全自动车钩、半自动车钩以及半永久牵引杆等。传统的 6 编组电客车在 C-C 车(中间车)之间普遍采用半自动车钩,维护工作量大,实用性有限,电客车在两端头车采用全自动车钩,在 C-C 车之间使用半永久牵引杆替代传统的半自动车钩,减少了配件种类,降低了运营和维护成本。

全自动车钩和半永久牵引杆,这两种钩缓装置均具有良好的连挂能力和曲线通过性,在全线路中均能满足正常使用、连挂及通过曲线。头车的全自动车钩还具有优良的吸能特性,设置三级撞击能量吸收装置,限制撞击变形范围,确保客室不损坏。中间车的半永久牵引杆,在检修维护和日常使用时相较半自动车钩具有易修易检等明显的优点,能够做到故障快速排除,提高了车辆的检修效率。

5. 标准化司机室操作台,确保安全驾驶

司机室操作台(图 2.4)是司机室的核心部件,乘务人员通过司机室操作台上的各种按钮和信息显示控制整个车辆的运行。司机室操作台是列车核心中的核心,从功能上来说,司机室操作台是列车运行的基础,具有控制列车驾驶、显示设备、列车通信和客室开关门等作用。

司机室操作台整体采用玻璃钢模具成型,表面采用仿皮革纹理喷漆,具有纹理清晰、表面光泽、防水性好、防寒度高、耐磨强度高等优点。其设备布置采用模块化分解,为方便乘务人员在列车驾驶过程中对操作台上的司控器、按键、开关等进行操作,根据使用频次、时机、功能将司机室操作台各功能进行分区布置,分为左侧、中间及右侧功能区,提高乘务人员的操作便利性,同时将乘务人员在运行期间需要操作的设备高度集成在以乘务人员为中心的舒适操纵范围内。

图 2.4　司机室操作台

具体来说,其左侧功能区布置了无线电控制盒,空调开关、客室照明、司机室照明、电笛等按钮,既方便乘务人员与行车调度联控,又能及时控制辅助系统,为乘客提供舒适的乘坐体验。中间功能区布置车辆屏 HMI、信号屏 MMI 以及仪表,便于司机掌握各系统关键信息和驾驶信息;台面上布置了司控器、广播控制盒、紧急停车按钮、驾驶模式控制盒,便于乘务人员驾驶列车和操作广播,既能保证乘务人员清楚地观察仪表,又能方便操作。右侧功能区布置了 CCTV 监控屏,升降弓、高断分合、停放施加缓解、解钩、慢行按钮以及门关好、所有制动施加缓解、旁路指示等指示灯,既方便乘务人员列车驾驶,又能及时反馈列车重要状态及客室状态。

司机室操作台台面下部也分为左、中、右三部分。左侧布置了应急处置相关设备,如灭火器、医药箱等,便于乘务人员应对突发状况并及时处置。中间部分布置了脚踏板及电脚炉,为乘务人员提供舒适的驾驶空间并防寒保暖。右侧布置了刮雨器水箱、控制盒等设备,便于设备检修维护。

司机室操作台布置是一项集车辆显示、控制、运行安全、人机工程于一体的关键技术。采用布置合理的操作台,可以提高列车运行的安全性及可靠性。

6. 引进强迫泵风技术,提供供风冗余

地铁风源系统是车辆的重要组成部分,在每个 M 车*设置 1 套风源装置,为全列车制动系统、受电弓、空气弹簧、轮缘润滑等装置提供干燥、洁净的压缩空气。正常情况下,车辆网络系统读取制动系统发送的 2 个 TC 车**总风压力值,取较大值用于空压机的打风管理。根据电客车检修规程,半年检及以上修程需要对空压机安全阀进行功能测试、空压机工作状态检查、空压机工作逻辑验证,此时需要验证空压机各项功能运行正常,避免未检查到位导致正线故障。同时,地铁车辆在使用过程中,空压机油易发生轻度乳化,主要原因为车辆运行时间较短,空压机油温度未能上升到温控阀的热旁通温度,导致空压机油中的水汽不能及时冷凝排出,进而出现乳化现象,也需要检修人员根据运用情况进行空压机打风。传统模式下,检修人员通过手动操作用风设备、操作总风缸排风截断塞门、操作停放制动/缓解按钮使停放功能多次施加和缓解、操作方向手柄和牵引制动手柄使总风压力值使用并降低,并时刻监控总风缸压力值变

---

　*　M 车是不带受电弓的动车,外观最普通,但转向架上有牵引电机。
　**　TC 车是带司机室的拖车。

化,避免总风压力降低过快影响电客车正常功能。多次重复以上操作可以适当降低总风压力值,但是操作烦琐且存在一定的安全隐患,给车辆检修生产增加了难度。

为安全高效地验证空压机的各项功能及空压机油乳化后续处理,电客车上设置了强迫泵风模式。电客车的空压机分为网络模式、硬线模式和强迫泵风 3 种控制方式,司机台设置有强迫泵风按钮,点击按钮后两台空压机均开始工作,释放按钮后空压机不再工作,操作灵活便利。

结合风压情况,电客车司机可根据不同站点客流的大小主动开启强迫泵风功能,强制开启空压机使其打风,确保风压满足使用需求。在强迫泵风情况下,列车两台空压机同时启动,可将风压在短时间内打至 900 Pa 左右,以满足随时补充风压的需求,提升了电客车的安全运营。车辆设计时也将强迫泵送指令与列车占有端主控钥匙状态关联,当未关闭强迫泵风指令时,可操作占有端主控钥匙,同样实现强迫泵风指令的停止,增加了电客车安全防护,避免因模式设置而影响正线电客车的运营质量。

7. 引入自动降弓装置,降低弓网事故风险

受电弓作为地铁列车重要的取流部件,直接关系着轨道交通的运输效率和行车安全。在实际运用中,受电弓与接触网构成了特殊的机械摩擦副和电气耦合摩擦副。由于其运动状态的特殊性,弓网间高温黏着和冲击碎裂现象严重,一旦弓头滑板受损,会使其超越受电弓动态包络线,引发剐弓拉网事故。自动降弓装置是受电弓发生运用异常后的保护装置,其技术特点在于:自动降弓装置在滑板断裂或磨损到限后,压缩空气通过阀板上的调压阀进行调压后,经管路进入到带有气道的碳滑板,如果碳滑板出现严重裂纹并导致大量漏气,气囊中的压缩空气从快速降弓阀中迅速排出,从而实现自动降弓,避免了接触网和受电弓的损坏。

自动降弓装置是防止弓网事故的最后保障,不仅在日常工作时要具备足够的灵敏度,而且要对最容易发生受电弓打击伤害的弓头滑板进行全方位保护,以确保非正常情况出现时受电弓能够脱离与接触网的接触。

8.设置风缸自动排水装置,提高检修效率

列车上的空气压缩机为空气弹簧、空气制动系统、轮轨润滑系统、受电弓等各用风设备提供干燥、洁净的压缩空气,其产生的压缩空气通过干燥器净化后进入总风管及总风缸,进而通过车钩气路装置向相邻车辆传输。风源系统的干燥器存在多种失效模式,如双塔切换不正常,使某一干燥塔得不到再生而处于长期工作状态时,会直接导致压缩空气质量下降,直至压缩空气中出现大量液态水。同样,当干燥剂在长期使用过程中本身性能自然下降且持续较长时间,使压缩空气相对湿度大于35%时,也需要更换新的干燥剂。传统的风源系统干燥功能检查存在四种形式:一是检修中,定期进行压缩露点检查,来判断空气干燥效果;二是通过耳听或目测的方式,利用空气干燥器状态指示器来判断空气干燥器是否出现无法切换等异常情况;三是将空气干燥器状态指示器信号线接入TCMS,由 TCMS 监控双塔切换状态;四是定期对风缸进行排水。

以上四种形式均无法避免干燥塔故障对列车的影响,某地铁曾在库内进行风缸排水时,发现制动缸、总风缸等有积水,进一步检查发现空压机干燥塔不切换,最终故障处理时更换了整车的所有制动阀件,并拆解转向架的辅助气室清洁除锈,修复工作量较大。因此自动排水装置安装具有一定的必要性。

为预防空压机输出的压缩空气干燥不彻底导致风缸积水引起的风缸内部锈蚀、压缩空气质量差、腐蚀用风设备等情况,电客车的 6 个主风缸下部设置了自动排水阀,当自动排水阀检测到风缸内积水触及安全线后,自动将风缸内积水排出,保证管路内压缩空气符合使用要求,降低相关设备的故障率,实现监测空气干燥器工作效果的功能。

风缸自动排水装置在铁路行业有大量应用,但地铁行业运用较少,各地铁公司仍普遍使用手动排水的传统方式,3 号线在电客车上率先设置并应用了自动排水装置。该装置由自动控制系统、自动加热系统、多功能连接法兰、手自一体排水总成、过滤元件等部件组成。多功能连接法兰组件设有过滤元件、控制风源分流导管和排污口,在方便安装连接、利用风缸排水口获取控制风源的同时,将风缸内污物及液体引入该装置并进行粗滤,防止动作活塞卡滞。手自一体排水总成分为手动排水功能组件和自动排水功能组件,可实现自动排水、手动排水和手动故障切除,其中手动排水功能组件设有手动排水手轮、排水嘴及用于功能切换的两半球形密封组件,自动排水功能组件又由阀座、双阀口、中间体、密封配合组件、弹簧、阀盖等部分组成。自动排水装置的控制系统和自动加热系统均安装在阀座上部密闭的电气控制型腔内,其中自动控制系统由电控阀、压力、流量传感器及 PLC 控制模块组成;自动加热系统由加热元件和感温监测模块组成,通过装置外部连接器插座与车辆 DC110 V 电源连接,共同组成自动排水装置的电控及加热恒温系统。

电客车上安装自动排水装置可避免因干燥塔在检修周期内失效,产生大量水汽,导致车辆供风系统发生故障,且替代人工排水作业,降低劳动强度,是提高风源系统检修效率的重要手段。

(二)工艺设备新技术

1. 优化列车自动清洗机操作设计,提升作业效率

列车自动清洗机(图 2.5)操作设计在设计联络阶段进行了详细的优化设计,主要包括一键洗车、冬季一键排水、空压机远程控制、工控机增加开关按钮等。

图2.5　列车自动清洗机

它的技术特点在于,一键洗车功能在原有的洗车操作流程上,取消了清洗准备、清洗开始、前端洗开始、清洗继续、后端洗开始等按钮,而将这些按钮的功能集成并通过 PLC 系统来控制,减少了人工操作步骤。洗车时,操作人员只需要将模式选择开关打到"自动有端洗"或"自动无端洗"模式,就可以进行洗车作业。冬季一键排水功能,将原来水路管道上的手动排水阀门改为电磁阀,通过 PLC 来控制,这样一来,只需要按下冬季一键排水按钮,就可以实现自动排水功能,减少人工操作,提升工作效率。空压机远程控制、工控机增加开关按钮,都是基于原始操作模式,在操作台上增加控制按钮,无须到现场进行操作,节省开机时间。

通过这些设计优化,简化了列车自动清洗机开机、洗车操作流程,将洗车作业准备时间由原来的 30 min 缩短至 15 min,提升了洗车作业效率。

2.引入轮对及受电弓动态监测系统,强化行车监测

轮对及受电弓动态监测系统可在列车运行时自动对电客车轮对尺寸、受电弓压力、碳滑板厚度等进行检测,补充了库内静态数据的不足,可以监测到列车在高速运行过程中车轮、受电弓、碳滑板的动态数据,更加

直观地掌握列车运行状态。

该系统的技术特点在于,采用非接触式测量技术对电客车走行部及受电弓进行监测,具备系统自检、数据通信及数据管理功能,即自动识别所通过车辆的轮对踏面尺寸超差、踏面擦伤故障,自动检测受电弓磨耗、轮廓、中心线偏移、羊角变形、受电弓接触压力,自动判别列车运行方向,自动识别列车车号,自动测速和自动计辆计轴,准确检测受电弓及车轮各相关部位的尺寸和踏面缺陷;同时,根据电客车均衡修轮对尺寸、受电弓碳滑板检修记录单,系统设计相同格式的数据导出表格,可直接下载打印,无须人工抄写数据。

该系统安装完成后,经过多次算法优化以及与人工测量数据对比分析,其测量的轮对尺寸、受电弓碳滑板厚度数据稳定,95% 的数据误差在 ±0.5 mm 以内。2022 年 1 月开始,轮对动态检测设备优先替代人工测量电客车轮对尺寸,电客车均衡修轮对尺寸测量由 6 h 缩减至设备测量的 1 min,全年累计节约人工工时 816 h。同年 7 月开始,受电弓专项普查作业开始使用设备替代人工测量受电弓碳滑板厚度,1 列车 4 块碳滑板的厚度测量,将人工用时 1 h 缩减至设备测量的 1 min,全年累计节约人工工时 408 h,提升了车辆检修作业效率。经统计,该系统投用后,每年可节省人力成本约 10 万元。

三、技术手段破解检修瓶颈

城市轨道交通系统作为一个高度集成的设备系统,保障检修人员的安全和提升检修作业效率尤为重要。面对这一挑战,在地铁建设期的设备采购阶段,积极引入新技术手段,以设备保安全,以技术提效率,优化人员配置和检修作业流程,显著提高作业精准度。以下是采用的部分关键技术,以突破检修瓶颈,实现精准维修和本质安全。

(一)可视化接地系统

牵引供电采用的是 DC1500 V 架空接触网,其中正线采用刚性悬挂接触网,车场线采用有补偿弹性简单悬挂接触网,出入段线、出入场线及试车线采用全补偿链型悬挂接触网。为提高作业效率,保障作业安全,在全线安装可视化接地系统(图 2.6),由电力调度在控制中心进行远程操作,达到接触网接地的目的,从而取代现场人工挂接地线作业。

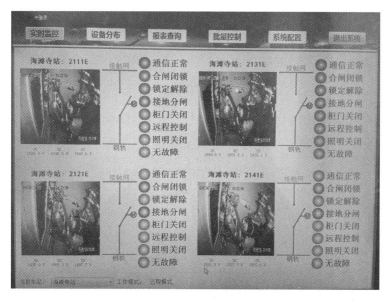

图 2.6　可视化接地系统

接触网可视化接地装置采用集中管理、分散布置的模式,分层、分布式系统结构,由设置在控制中心的可视化远程监控服务器和工作站、正线每个牵引变电所所在车站的可视化站级监控主机、每个牵引变电所的轨行区可视化接地装置以及通信网络等组成。接地开关控制采用三级控制方式,即控制中心的远程控制、车控室车站级控制、接地装置的本体控制,不同方式间相互闭锁,实现安全控制。

由电力调度远程操作设备,代替接触网检修工 4 人现场作业,作业人员不接触未接地的接触线,降低人员触电风险。当区间发生设备故障需接触网挂接地线时,由电力调度远程操作即可,无须等接触网检修工赶往现场,大幅缩短响应时间。将接地线钎焊在钢轨上,接地回路固定且接地电阻小,能避免回路电阻过大造成的接触网接地不可靠。

可视化接地系统监控工作站可以动态显示全线接地装置的分布及接地状态,防止电调发生带电送电的危险事件,有效减少人员配置的同时,将接地时间由 56 min 降低至 5 min,无须人工搬运地线,大大降低劳动量,增加检修作业时长,保障检修质量,提升运营稳定性。

(二)检修作业安全联锁管理系统

检修作业安全联锁管理系统(图 2.7)主要应用于车辆段停车列检库、联合检修库及停车场运用库检修作业。该系统通过与列检库、联合检修库的配套措施相结合,构建了一个程序化、网络化、可视化、标准化的安全联锁体系,旨在实现列检库投运后保安全、高效率、低成本的运营目标。

该系统由安全联锁子系统、智能门控子系统、工作票/操作票子系统、LED 显示子系统、车辆位置检测子系统等组成,同时包含安全警示子系统、调度反馈子系统、视频联动监护子系统等。通过联锁元件,实现电气间隔内的安全联锁、设备间及复杂操作等方式的安全联锁操作。

基于车辆段、停车场供电运行及车辆检修安全考虑,充分利用各种检测手段、计算机逻辑处理、安全联锁等控制方法,以及逻辑判断、安全联锁、智能门控、声光警示、视频监控等自动化手段,从技术上实现段场停送电操作到登台检修作业全过程安全管控,保证作业过程中的人员和设备安全,有效防止人为因素造成的事故,实现人机联控、确保安全的目的。

该系统采集段场内作业相关设备的实时状态和操作信息,包括隔离开关、验电点、接地点、检修平台门等,均在后台显示。同时,系统后台主机内置安全联锁操作规则,将现场操作流程转变为计算机逻辑控制规则,并根据现场实时状态进行整体的逻辑判断和控制。

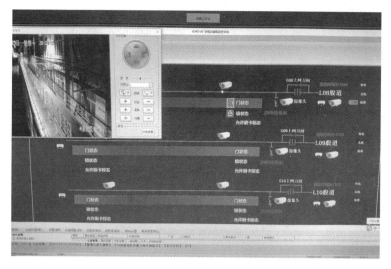

图2.7 检修作业安全联锁管理系统

安全联锁操作规则是检修作业中确保人身安全和设备安全的核心机制。通过一系列智能化、标准化的流程和设备,实现作业过程中的全方位、多层次安全防护。以下是具体的安全联锁操作规则及实施要点:

1.智能锁具与模拟操作

现场设备配置联锁锁具:隔离开关、接地点等关键设备配置有智能联锁锁具,确保在操作前必须经过系统工作站的模拟验证和操作票生成,生成符合防误逻辑的操作序列并传送到电脑钥匙。

电脑钥匙解锁操作:操作人员需携带电脑钥匙到现场,按照生成的操作序列逐一解锁对应的设备锁具,确保操作过程的正确性和安全性。

2.智能门禁与接触网停送电闭锁

检修平台智能门禁:在检修平台设置智能门禁装置,与库区接触网停送电状态进行技术关联,只有在无电状态下才能解锁门禁,保障检修人员安全。

接触网停送电闭锁:确保在接触网停电并完成安全措施后,检修人员才能进入检修区域,防止意外触电。

3. 地线闭锁与智能管理

分散式地线闭锁装置:在车辆段、停车场库区配置,实现地线的强制闭锁和智能管理,确保地线挂拆的正确性和安全性。

地线状态监控:具备地线存取状态的监视管理功能,以及接地线挂拆位置的无线上报功能,防止地线错挂、漏挂、错拆、漏拆。

4. 可视化直流验电接地装置

远程操作与现场电动操作:在列检库、静调库股道配置,实现接触网接地操作的远程操作与现场电动操作,确保操作安全。

紧急操作与就地人工操作:紧急情况下或控制回路故障时,可实现就地人工操作,同时,接地操作与验电结果安全联锁,防止带电接地。

5. 全面防误管理

权限管理与模拟预演:对操作权限进行严格管理,通过工作站进行模拟预演和安全联锁判断,生成正确的倒闸操作票。

强制闭锁与错误操作警告:对违反安全联锁规定或与操作票不符的操作实现强制闭锁,并通过语音提示及液晶显示方式警告操作人员。

6. 紧急解锁与钥匙管理

当现场需要紧急操作或系统出现故障时,可通过万能钥匙紧急解锁,结合刷卡的方式控制是否允许开启箱体,实现每把解锁钥匙的单独授权和单独解锁,确保解锁钥匙的规范使用。

此外,还借助 LED 显示装置等辅助手段,对接触网、检修平台作业状态提供直观显示和告警,以确保检修人员安全作业。

通过上述安全联锁操作规则的实施,车辆检修作业实现了从设备操作到人员管理的全方位安全防护,有效保障了检修作业过程中的人身安全和设备安全。

(三)检修股道远程控制隔离开关

在三条检修股道隔离开关上增加电动操作功能,与断送电安全联锁系统相结合,此功能取代原有的人工请销点、双人互控的现场操作模式,转而由操作人员在值班室远程操作完成。断电作业操作时间由原来的每次两人 30 min 缩短至现有的 5 min,送电亦然。

它的技术特点在于,提出断送电申请后,操作人员在控制室内输入指令,经双人确认后执行。断电作业时,安全联锁系统自行判定断电条件,如相应股道是否有列车。自动操作隔离开关断开操作后自行验电,确认电压为零后,接地开关完成整个断电操作,同时安全联锁系统采集结果并记录,允许相应股道的高压作业平台登顶作业,保障安全高效完成断电作业。送电作业时,待申请人确认平台无人并锁闭后信号自动采集,自行判断是否具备送电条件,双人确认后操作,自动断开接地开关,闭合隔离开关,送电完成。此后系统自动保持控制相应股道高压平台无法打开,避免人员误入高压区域。

此功能实现了断送电逻辑和自动控制,减少了人工操作工器具频次,消除了雷雨天无法操作的限制,防止操作过程因人为失误导致的断送电股道错误,降低了高压作业对员工的安全风险,确保运营期间检修作业安全及效率。

(四)远程重联装置

工程车辆在地铁运营中承担着调车、救援、牵引运输、施工作业、轨道和接触网检修等任务,扮演着不可或缺的角色。工程车辆配合地铁运营各专业开展各项作业时,需根据作业类型与性质不同编组不同的车辆。为提高车辆利用率,减少编组车型限制,在平板车、轨检车两端加装远程重联装置,实现同车型间同步远程控制。远程重联装置可自由编组车辆类型,消除单一车型与轨检车重联编组的限制,如需实现双动力同时牵引的作业,平板车可与同车型之间随机组合,实现动力需求。

它的技术特点主要体现在以下几个方面:

一是远程控制与同步性:采用硬线连接,能够实现车辆之间的实时数据交换和远程控制。远程重联连接完成后,首尾两端动力车可由牵引方向司机单独控制,实现同时加载与调速的控制。尤其在电客车故障救援场景中,远程重联装置能够消除因双台动力机车牵引不同步而导致牵引力不足,而发生车辆溜逸的安全隐患。相较于传统救援配合需两人联控加载的方式提供牵引动力,远程重联操作无需双人联控配合,单人即可实现救援牵引控制,提高了救援效率。

二是灵活的编组配置:此编组打破了传统的固定编组限制,允许车辆根据实际需求进行灵活的编组调整。无论是增加或减少车辆数量,还是改变车辆之间的连接关系,都可以通过自由编组车辆轻松实现。

三是大动力需求满足:针对大动力需求用车场景,该装置能够自动匹配并协调多辆车辆的动力输出,确保在需要时提供足够的牵引力和制动力,这使得地铁工程车辆能够更好地应对各种复杂工况和紧急任务。

远程重联装置通过远程控制与同步性、灵活的编组配置以及大动力需求满足,为工程车灵活编组运用带来显著的综合优势。首先,加装远程重联装置的地铁工程车辆,可以根据实际运行需求进行灵活编组,从而提高了车辆利用率。其次,传统地铁工程车辆的编组往往受到多种因素的限制,导致车辆使用不够灵活,而加装远程重联装置后,车辆之间的连接不再受到车型限制,可以根据需要随时进行编组调整,从而消除了编组限制,提高了车辆使用的灵活性和适应性。最后,通过加装远程重联装置可以提高车辆利用率和消除编组限制,降低地铁工程的运营成本,如可以减少车辆购置数量,降低车辆维护成本,同时优化运营策略,降低能源消耗和维修费用支出等。

(五)电客车功率、设备冗余

为提升电客车运行的可靠性,在电客车设计时,多系统均采用了冗余设计。牵引系统及辅助系统采用功率冗余的设计,制动系统、PIS 系统、照明则采用设备冗余的方式,降低设备故障对运营的影响。

整车 16 台中车电机的 YQ-190—22C 异步牵引电机,每台额定输出功率 190 kW,保证列车在 AW0 ~ AW3 的工况下运行。列车内的牵引力不仅可以使列车具备基本牵引性能,同时还有着以下三个方面的特点:一是在 AW3 工况下,模拟列车丧失 1/4 的动力,确认列车是否可以维持运行至线路终点;二是当丧失 1/2 的动力情况时,在 AW3 的工况下,列车可在正线最大坡道上启动行驶到最近车站;三是一列空载列车牵引一列超载 AW3 故障列车,能在正线最大坡道上启动。

在网络系统冗余设计中,对于列车多功能车辆总线网络,各小单元均存在网络主控制单元,网络每个节点都存在两个网络主控制单元控制器,其中一个网络主控制单元控制器主要负责主机功能,另一个网络主控制单元控制器处于热备状态,能够及时接收主机故障信息,同时接管主机功能,保证网络控制的连续性。网络主控制器热备冗余设计,可在很大程度上提高网络控制系统的可靠性和可用性水平。在传输网络信号时,使用 MVB 总线控制,总线使用 A/B 两路的同时,传输数据给各系统,保证了数据的安全和可靠。

辅助系统中列车的 TC 车各安装了两台 APE。API DC1500 V 电网电压通过 DC/DC 隔离变换、DC/AC 变换为三相 AC380 V/50 Hz 电压,并为列车空气压缩机、风机等三相交流负载供电。列车四台 API 的输出 AC380 V 采用并网供电技术,在任一台 API 故障时,剩余的三台 API 仍能满足列车负载供电需求。每辆车设置一台单相 AC380 V/AC220 V 变压器(从交流母线取电),为方便插座等单相负载提供 AC220 V/50 Hz 电压。LVPS 为列车 DC 110 V 负载设备如列车照明、车辆各系统控制系统等提供电源,同时具有为本车蓄电池组充电的功能。列车四台 LVPS 的输出电压通过二极管向 DC110 V 列车母线供电,在任一台 LVPS 故障时,剩余三台 LVPS 仍具有足够的输出功率。

PIS 系统为分散式、模块化设计,采用 bypass 技术和完善的冗余机制,单点故障不会扩散。主机故障时,备机自动切换并代替主机工作,不需要随驾驶室调换切换主副状态。冗余配置的广播控制盒连接在列车总线上，即使两台广播及乘客信息系统机柜同时故障，仍可实现对讲功能和口播功能。单台的主机、终端故障均不影响系统正常运行。

制动系统风源、风缸、制动指令均做冗余处理。其运行监控功能实时记录系统状态信息，任一单个控制单元故障时不会导致超过一个转向架的制动力损失，保证制动系统的高可靠性。

客室照明灯具采用四条主照明线路，紧急照明通过整体降低照度来实现。如果一条照明线路失电，与之互为备份的驱动承担一侧的全部照明功率，并发出故障信号给列车。每条照明线路由断路器独立地进行保护，单条线路失电，不影响其他线路工作。

地铁电气系统冗余设计属于一种健康实用的设计理念，能够使车辆的可靠性和可用性得到有效保证。通过冗余设计的方式，可以提高地铁可靠性和可用性指标，同时还能够在冗余状况下完成对乘客的输送，产生非常好的社会效益。

(六)电客车 LCU 技术

电客车使用 LCU 替代列车上的部分继电器、接触器等控制设备。LCU 采用微机控制技术，采集车辆数字量信号并接收通信指令，进行逻辑运算后将控制指令传输至输出板，控制和驱动车辆相关控制回路、低压开关器件、微机单元等外部接口对象，实现对牵引、制动、车门、空调等各子系统的控制功能。

LCU 采用"2 乘 2 取 2"的安全硬件架构，替换激活、升/降弓、警惕、方向、牵引/制动、车门、自动驾驶等控制回路的继电器，实现相关功能的逻辑控制。原定单端司机室继电器数量 69 个，采用 LCU 替代的继电器共 31 个，替代率约 45%。

LCU 采用双机热备冗余，每部主机内分为两组控制单元，每组功能单元完全独立，自主运行。任一组 LCU 的任一节点故障不影响其他单元的正常运行。每组 LCU 的电源板、控制板和输入输出板等均采用冗余设计,实现单组设备故障后系统不降级运行。

每台 LCU 含 2 块电源板、1 块 MVB 板、1 块 CAN 板、1 块 ETU 板(以太网板)、2 块主控板、10 块 VIO 板(2 乘 2 取 2 输入输出板)和 3 块接线板。10 块 VIO 板分为 5 组,每组 VIO 板有 6 路输入、6 路输出,每台 LCU 共 30 组输入、30 组输出。单台 LCU 共使用 19 组输入、26 组输出,预留 20% 的输入(6 组)和 6% 的输出(2 组)。各个 LCU 之间控制功能相互独立,实现各自逻辑控制功能。两台 LCU 之间通过 CAN 总线连接,进行数据交互。LCU 通过 MVB 与 TCMS 网络连接,上报 IO 状态数据和故障信息。

两组 LCU 能够自动切换,当某组 LCU 发生供电故障、生命信号丢失、输出短路/断路反馈等情况时,自动切换另一组,且切换时不影响列车运行,实现"热切换"功能。两组 LCU 采用合理的主备逻辑切换机制和状态仲裁机制,避免两组 LCU 进行无序的主备竞争。

LCU 的功能插件具有状态指示灯,能够通过相关指示灯状态判断系统运行情况。LCU 具有故障诊断功能,能记录 24 h 内的故障信息,维护人员可通过 USB/以太网维护端口进行数据下载,同时通过专用的监控软件,实时观察 LCU 的输入/输出、中间变量等运行状态。LCU 记录输入/输出通道变量,作为 TCMS 系统事件记录仪记录变量的补充。

(七)电客车备用模式

电客车采用 LCU 控制,部分继电器+硬线的节点控制电路被替代,传统的"节点旁路"方式不适用于 LCU 控制电路,因此需要建立一套新的 LCU 控制电路备用模式。

在保障运行安全的情况下,通过设计备用模式控制电路,解决继电器、LCU 等部件故障引起监控回路故障导致列车无法动车的情况,目的是在应急情况下,电客车可及时启动。司机启用备用模式,使得列车依靠自身动力,快速退出服务,尽可能减少救援,避免对正线运营造成重大影响。影响动车的因素具体有司机室占有电路无法建立、主控继电器无法得电;方向向前电路无法建立,前向继电器无法得电;牵引指令电路、警惕监视电路无法建立;TCMS 故障;制动状态继电器故障;紧急制动无法缓解;HSCB 闭合指令电路无法建立;快速制动缓解电路无法建立。

备用模式的技术特点在于:当主控继电器由于某种原因无法得电时,列车无法输出牵引指令,在此设置备用模式旁路,可直接使主控继电器得电,正常输出牵引;当司控器方向手柄行程开关或方向向前选择电路故障时,无法输出前向指令,导致牵引系统无法输入正确的方向指令,在此设置备用模式旁路,可直接使前向指令列车线得电,输出向前方向指令;当司控器主控手柄故障时,无法输出牵引指令,导致牵引系统无法采集到牵引指令,进而列车无法动车,在此设置备用模式旁路,可直接使牵引指令列车线得电,输出牵引指令;当牵引系统收到备用模式启用信号后,系统进入备用模式,进行限速,制动系统收到备用模式启用信号后,系统进入紧急牵引模式;当列车停放制动不缓解时,导致牵引封锁,在此设置备用模式旁路,可解决上述原因引起的牵引封锁;司控器手柄(前向或后向)故障时,导致列车一直施加紧急制动,在此设置备用模式旁路,解决当主控继电器故障时列车一直施加紧急制动无法动车的问题;当司控器主控手柄故障时,牵引、制动系统无法收到快速制动指令,列车制动能力下降,出现风险,在此设置备用模式旁路,可解决无法收到快速制动指令的弊端。

备用模式设置备用独立电路,主要电路由备用模式激活、列车方向、运行限速、列车牵引/制动指令、级位控制、紧急制动及其他子控制电路构成。该模式与正常模式电路相互独立,正常模式电路故障时不影响备用模式电路的有效性,备用模式不投入使用时也不会对既有列车性能及功能产生影响。它将客室左、右侧车门关好状态纳入安全联锁,消除区间载客列车启用备用模式时存在的开门动车风险。

（八）空气制动远程隔离技术

电客车在运营过程中出现制动不缓解故障时,往往需要先缓解空气制动再进行下线或救援操作。传统地铁的空气制动切除装置设置在车厢客室内,遇到相应故障时,由司机进入客室手动操作缓解装置,但当司机因各种情况无法进入客室时,将无法切除空气制动,并且司机往返客室和司机室的过程也会影响故障处置效率,延长延误时间。为提高列车运营过程中制动系统故障的处理效率,每列车的控制系统内集成了制动系统远程隔离功能,方便电客车司机在紧急情况下进行操作。

传统的车上隔离装置设计问题在于布置位置分散,操作人员需走到分散在不同车厢内的不同位置进行操作,而在列车运营过程中,制动系统隔离装置的使用场景均为需要快速进行现场处理的紧急情况,要求操作人员能够快速找到隔离装置进行操作。因为传统方案布置的分散性和功能的单一性,操作人员往往需要多次往返于各个操作装置之间,甚至发生误操作,耽误故障处理时机。如发生故障时,车内人员拥挤,操作人员无法顺利到达需要操作的装置处。因此,在设计制造电客车时,设计人员结合当前地铁列车制动系统的最新技术发展成果,提出远程电控切除空气制动的改进措施,旨在优化传统的空气制动切除方式,提高列车运营过程中制动系统故障的处理效率,以减少因故障处理耗时过长导致的运营延误及晚点。车辆的 TCMS 根据 HMI 的维护界面的远程切除制动图标,可实现对每个转向架的 EP2002 阀进行远程切除操作,同时为防止空气制动切除过多造成列车制动距离过大,当切除数量达到两节车时,TCMS 便不允许更多转向架切除。

该技术主要有三个优点:一是通过司机室 HMI 显示屏选择需要切除的空气制动,可快速准确完成对应故障车转向架空气制动的切除;二是通过 TCMS 网络控制 EP2002 阀实现远程切除,设置必要的条件,仅在真正发生制动不缓解时才能操作,避免错误缓解空气制动;三是设置空气制动切除数量保护,避免因列车制动力损失过多而导致制动距离过大。考虑到 TCMS 网络存在一定的故障风险,而远程切除又通过 TCMS 网络进行控制,在实际运用中也存在一定风险,因此,在应急处置文本编制时,将远程切除功能作为首选,并将手动现场切除作为次选,避免远程切除功能失效导致的故障无法处置。

随着地铁运营线路的增加及行车间隔的缩短,对正线故障处置效率的要求越来越高,包含制动不缓解互锁功能的远程隔离更适应未来地铁的发展趋势。某地铁曾发生一起正线制动不缓解故障,但因电客车采用了以带制动不缓解互锁功能的远程隔离为主、手动隔离为备用的制动隔离方式,并且司机按照应急处置文本快速操作了远程缓解,缩短了正线故障处理时间,最终未导致因制动不缓解故障造成列车延误的情况,提高了运营服务质量,取得了良好的效果。

(九) 电客车防空转滑行控制

空转滑行现象是轨道交通行业的共性问题,该现象会对轮对、轨道以及乘客造成一定的危害。实际应用中,空转滑行不能做到完全避免,因此最大限度实现防滑保护成为降低空转滑行影响的重中之重。电客车有完善的滑行控制保护机制,能够在发现车辆空转滑行初期迅速反应,短时间内控制列车空转和滑行,保障车辆平稳运行。

地铁车辆能够实现牵引和制动,与牵引、制动力及轮轨间摩擦力有关。当牵引力大于轮轨间最大静摩擦力,轮对实际转速超过车辆运行速度一定值时便会发生打滑,即空转现象。相反,当制动力大于轮轨间最大静摩擦力,轮对实际转速低于车辆运行速度一定值时便会发生滑行现象。电客车所有轴上均安装速度传感器,实时监控各轴轴速;每节车配置了两个 EP2002 阀,用于计算、分析、对比速度差和减速度。牵引箱内逆变控制单元可精准计算出所有动车各轴轴速及轴加速度,为牵引系统空转保护提供支持。制动系统滑行控制激活条件有两个,即单轴减速度过大和相对于计算对地速度的速度差过大,触发其中任一条件便开始实施防滑保护。同时,将车辆最低轴速度或最高轴速度设定为对地速度,其余各轴轴速均与之比较,当差值超过门限值时也会产生滑行保护,而防滑保护具有灵敏度适宜、防滑性能好的特点。

运营以来,出入段线于夏季分别多次出现空转滑行现象,主要是由于夏季轨道湿滑、出入段线坡度较大造成的。因保护机制的存在,虽多次出现空转滑行现象,均未对轮对踏面造成影响,未发生影响运营效率的事件。结合实际运用情况,车辆、信号专业共同协作,修改了发生空转滑行后 ATC 输出紧急制动的时限,最大限度地保证列车防滑保护的效果,有效地保障了车辆的安全运营,这是空转滑行保护很好的应用案例。

第三章
向技术要高效能

地铁运营是人力密集型、高耗能行业。运营安全前提下降低人力资源投入是行业共识,减少工作量成为重要落脚点。借助整个行业发展成就,减少检修工作量成为可能;依托信息技术,减少辅助工作量成为必然。城市轨道交通行业主动践行国家"双碳"战略,压减能耗成为战略的落脚点,电力消耗是运营大额刚性支出,高效率动照设备使用及智能控制技术发展,使节能空间大幅拓展。

地铁运营周期长的特点决定了任一细小改进都能产生明显效能。作为城轨运营企业,运营三年来,我们始终坚持技术导向,在局部技术模块不断深挖,探索具备较强可复制性的应用技术,努力实现数字化管理、绿色化运营、品质化服务,为行业贡献一份力量。

以技术创新为主要驱动力,管理数字化、运营绿色化、服务品质化将是城市轨道交通行业发展的焦点。

根据《2023年交通运输行业发展统计公报》,2023年,各地城市轨道交通运营线路308条,比2022年末增加16条;运营里程10158.6公里,增加604.0公里;全年客运量达293.89亿人次,达到历史最高值,这对行业发展提出新的挑战。

随着新质生产力概念的深入推广,城市轨道交通作为城市发展的重要基础设施也迎来前所未有的发展机遇。在此背景下,打造城市轨道交通运营新模式,不仅需要追求高效,更应致力于实现绿色可持续发展,兼顾经济效益、社会效益和环境效益。

可以说,在未来很长一段时间内,管理数字化、运营绿色化、服务品质化仍然是城市轨道交通行业的焦点。

一、数字管理:信息技术赋能生产

2017 年 10 月,党的十九大提出建设交通强国战略,建立安全、便捷、高效、绿色、经济的现代化交通体系。重点发展智慧交通,推动新兴技术与交通深度融合。

2019 年 9 月,中共中央、国务院印发《交通强国建设纲要》,提出打造一流设施、一流技术、一流管理、一流服务,建成人民满意、保障有力、世界前列的交通强国。

2020 年 3 月,中国城市轨道交通协会发布《中国城市轨道交通智慧城轨发展纲要》,提出中国城轨行业的信息化、智能化、智慧化水平要进入世界先进行列。

在大数据时代背景下,特别是在减员增效和绿色节能的大环境中,轨道交通作为城市重要基础设施,信息化系统成为提升城市轨道交通安全、效率、品质的关键技术。信息化建设的重要性愈发凸显,主要体现在以下几个方面:

一是城市轨道交通运维效率的内在需求。行业 30 年的快速发展与进步,在设计、制造、运营各环节均取得长足的进步,安全性、可靠性指标在各系统中均有大幅提升,为设备系统提升运维效率奠定了坚实基础。与此同时,各线路因地域、年代、厂商的不同,又存在其特殊性,运维效率提升幅度、范围存在巨大差异,需要因地制宜区别对待。信息化技术的优势可以将普遍性和特殊性予以定量研判,从而满足行业运维效能提升的需求。

二是城市轨道交通发展的必然趋势。在实际开展的过程中,城市轨道交通运维工作需要进行大量的数据汇总、分析工作,信息化技术能够有效解决传统运维工作模式在数据汇总、处理等方面存在的不足。现阶段,我国信息化技术发展的重点为物联网与云计算,基于大数据的信息化技术的应用能够有效提升城市轨道交通运维管理工作的整体水平。

三是信息化建设起到关键作用。智能化运维方面,预测性维护、故障诊断系统等能够实时监测设备状态,预测潜在故障,实现从"被动维修"向"主动维护"的转变。运营精细化管理方面,能够整合运营、调度、票务、客服等多源数据,通过数据挖掘与分析,为运营管理提供精细化决策支持。绿色节能方面,通过智能调度、能耗监测与分析,能够优化能源使用,减少能源浪费。乘客体验升级方面,智能导航、移动支付、乘客信息系统等提供更加便捷、个性化的出行服务。

我们秉持着"人员少跑腿,数据多跑路"的信息化建设理念,在系统建设的前期,采取"统一规划、分步实施"的建设方式。围绕信息化建设的整体规划,实施需求分析和系统的整体设计,从基础硬件平台的设计到信息系统的建设,按照业务的重要程度、紧迫程度逐步开展,保证了信息化建设的前瞻性、整体性和时效性。

在基础硬件平台和信息安全方面,硬件设备的配置不仅需要满足当前的需求,还需具备良好的扩展性,以灵活弹性的扩展来应对未来的发展。在充分考虑安全性和稳定性的前提下,采用物理服务器、存储节点和光纤交换机等核心硬件设备搭建虚拟化平台。

系统建设过程中,使用开源、稳定的 MySQL[*]、PostgreSQL[**] 作为底层数据库,采用 B/S 架构,前端使用小时 HTML5[***] 进行页面设计,软件系统

---

[*] MySQL 是一个关系型数据库管理系统。
[**] PostgreSQL 是一个对象关系型数据库管理系统。
[***] HTML5 是构建 Web 内容的一种语言描述方式。

通过分离部署,支持数据集群和负载均衡。

经过五年多的努力,我们建设并使用的信息系统包括两类:一类是服务保障支持的系统,有安全生产管理系统、OA 协同系统、财务管理系统、人力资源管理系统、合同管理系统、物资管理系统、档案管理系统等;另一类是生产运作系统,有运营信息发布系统、高位地保视频巡检系统、施工调度管理系统、乘务管理系统、客服管理系统、设备维修维护系统、智慧运维系统等,涵盖了运营管理及生产各环节。

在推进信息化建设的征程中,我们始终坚守"以人为本、鉴往知来、尊重规律"三项基本原则,以确保信息化系统的开发与应用能够真正服务于运营,提升效率,同时兼顾使用者体验与长远发展。以下是这三项原则的详细阐释:

——以人为本:尊重使用者,顺应需求

在信息化建设中,"以人为本"不仅是口号,而且是贯穿始终的行动指南。我们深刻理解信息化系统的最终目的是更好地服务于使用者,包括一线员工、工班长、技术人员、各级管理人员以及乘客。这意味着系统设计的出发点不应仅仅是为了"管理",更在于"理顺",即理清工作流程,减少辅助作业工时,以减少配员,提升工作效率,避免信息传递错误。在系统开发过程中,我们充分听取使用者的意见与建议,确保系统功能贴合实际操作层面的需求,真正做到以使用者为中心,为他们创造价值。

——鉴往知来:汲取经验,持续优化

信息化建设是一个持续迭代、不断优化的过程。我们深信,站在前人的肩膀上,可以看得更远。因此,在系统开发之初,我们便注重借鉴国内外成熟信息化系统的成功经验,分析其优劣,做到"择其善者而从之,其不善者而改之"。致力于将经过实践检验的优秀功能模块化,使其具备较高的可复制性和可借鉴性,从而在提升系统实用性的同时,避免重蹈覆辙,实现系统功能的持续进化与完善。

——尊重规律:循序渐进,合理定位

在信息化开发的道路上,始终保持清醒的认识,遵循系统开发与应用的客观规律。首先,我们认识到系统开发是一个逐步明晰使用者需求的过程,因此,我们重视与使用者的沟通,做好需求收集与过程记录,确保系统能够精准满足使用者的实际需求。其次,我们理解系统开发是一个循序渐进的过程,面对繁杂的使用者需求,我们聚焦于解决主要矛盾,优先处理那些对运营效率提升最具影响力的功能。最后,我们明白信息系统并非万能,它最擅长处理的是那些重复性、规律性的工作,而对于那些需要创新思维与即时应变能力的任务,则应留给富有智慧与创造力的员工。因此,信息系统的开发与应用是地铁运营人智慧的外化,是人机协同的最佳体现。

在城市轨道交通的日常运营中,我们的信息化系统广泛应用已成为提升运营效率、降低成本、优化管理的关键。通过覆盖生产运作的各个层面,信息化系统实现了业务流程的线上流转,显著缩短了处理时间,节约了大量资源。

(一)安全生产管理系统

安全生产管理系统(图 3.1)作为执行《中华人民共和国安全生产法》、落实双重预防机制的平台,围绕安全管理特点和实践痛点来开发,面向安全管理人员和基层员工,实现人人讲安全;覆盖生产经营各环节,保证事事讲安全;关键环节系统卡控和实时提醒,完成时时想安全。

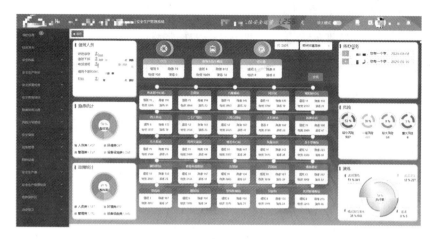

图 3.1 安全生产管理系统

针对安全管理工作中的数据孤岛现象,以及各业务板块间信息共享不畅的问题,我们自 2021 年起着手构建安全生产管理系统,旨在打通数据壁垒,实现信息的无缝对接与共享,全面提升安全管理的效能与水平。本系统以安全生产责任制为核心,依托安全生产标准化体系,通过科技手段,强化日常生产活动的安全监管,推动安全管理工作的标准化、规范化与体系化建设,构建起"预防、控制、救援、治理"的安全管理体系。

安全生产管理系统以安全生产标准化体系为脉络,聚焦于实现业务流程的快速化、安全台账的电子化、监督检查的自主化以及统计分析的智能化。具体目标包括:

一是业务流程快速化:通过线上系统,简化安全审批流程,提高工作效率,实现业务快速流转。

二是安全台账电子化:将传统的纸质台账转移到线上,实现数据的电子化存储与管理,便于查阅与分析,同时减少纸张浪费。

三是监督检查自主化:赋予员工自查自纠的权利,通过系统上报安全隐患,实现自我监督与管理,提高问题响应速度。

四是统计分析智能化:运用大数据分析技术,对安全生产数据进行深度挖掘,智能预警潜在风险,为安全管理决策提供科学依据。

安全生产管理系统设计了四大核心功能模块,旨在实现安全生产的全过程管控、数据统计与分析、信息共享与标准化建设,全面提升安全管理效能。

一是安全生产全过程管理:模块覆盖从风险评估、隐患排查、事故预防到应急响应的安全生产全过程,通过系统化的流程设计,实现安全管理的闭环控制,确保每个环节都能得到有效监控和及时响应。

二是数据统计与分析:模块集成了强大的数据分析功能,能够对系统收集的安全生产数据进行多维度分析,如事故趋势分析、隐患分布分析等,为安全管理决策提供科学依据,帮助管理者洞察安全态势,提前预警潜在风险。

三是信息共享与协同:模块打破传统安全管理中的信息孤岛,实现跨部门、跨层级的信息共享,促进安全管理的协同效应,提升整体响应速度与处置效率,确保在紧急情况下各部门能够迅速联动,有效应对。

四是标准化与规范化建设:模块遵循安全生产标准化体系,通过模板化的工作流程和标准化的操作指南,推动安全管理工作的标准化与规范化,确保安全管理活动有章可循、有据可依,提高安全管理的专业性和系统性。

同时,为了满足不同场景下的操作需求,安全生产管理系统提供了PC 端和移动端两套操作界面,既保证了办公室环境下的高效管理,也支持现场作业人员的便捷操作,实现了安全管理的随时随地可访问性。

PC 端界面:适用于办公室环境,提供了丰富的功能选项和详细的报表展示,适合管理层进行数据分析、决策支持与系统管理。

移动端界面:便于现场作业人员使用,界面简洁直观,支持快速上报隐患、查看安全指南等功能,确保现场安全信息的及时传递与处理。

安全生产管理系统通过四大功能模块与双端操作界面的有机结合,构建起了全方位、立体化的安全管理框架,不仅提升了安全管理的效率与质量,还促进了信息的高效流通与协同作业。下面,我们对安全生产管理系统主要亮点功能进行具体介绍。

1.安全生产检查管理

安全生产检查管理模块包含年度检查计划、日常检查计划、检查结果台账三项功能。

年度检查计划和日常检查计划功能可线上创建,选择执行时间、执行周期、工作名称、工作内容、执行部门等要素后,系统自动推送至相关人员账号,督促相关人员按计划完成检查。

检查结果台账功能可对计划检查、临时检查记录进行汇总展示,其中,计划检查可汇总展示各项检查计划下执行检查的人员、检查结果、发现的隐患等,临时检查可在全部检查记录中根据检查人员、内容、时间、地点、检查与被检查部门、检查类型等进行筛选并一键导出检查记录。

本模块移动端包含安全检查功能,检查人可线上记录检查时间地点、被检查部门、检查内容,并在检查页面将发现的各类问题录入隐患排查治理等相关功能模块中,现场被检查人确认问题情况并签字后自动生成检查记录,避免出现传统纸质检查表丢失、损坏、被篡改等情况。

以上的检查工作计划在系统中生成后自动提醒,将其执行过程形成刚性闭环。

2.隐患排查治理

隐患排查治理模块包含隐患排查手册、隐患登记、隐患治理、隐患台账、隐患统计五项功能。

隐患排查手册功能将各部门各岗位需排查风险点、隐患等级、排查位置、类型、周期、方法、内容及标准等进行线上管理,便于管理人员对手册内容进行更新,亦便于各岗位人员实时查阅学习。

隐患登记功能实现了所有人员可随时随地记录安全隐患的功能。本系统参照安全生产标准化、双重预防机制建设相关要求设置隐患登记表,可记录隐患级别、隐患类别、排查地点、配合部门、隐患处理人、检查层级、检查内容、隐患描述、治理要求、临时措施等信息。隐患登记完成后，系统自动推送至配合部门负责人或隐患处理人账号，并由其选择隐患责任人及整改期限，确保闭环管理。

隐患治理功能可显示当前人员全部待处理隐患，回复隐患整改完成情况，填写治理结果、具体治理情况，并上传销项图片，经隐患录入人员复查审批后完成销项，实现闭环管理。

隐患台账功能对全部隐患进行汇总展示，根据隐患整改完成情况及整改时限进行分级显示，清晰直观展示隐患整改整体情况，便于安全生产管理人员开展隐患管理工作。

隐患统计功能可分时段、分类型、分部门、分区域对隐患台账进行数据统计与图表展示，便于安全生产管理人员掌握隐患数量、整改情况、整改率、各部门隐患划分、各区域隐患划分、超时逾期情况等数据。

3. 风险分级管控

风险分级管控模块包含风险分级管控、作业风险比较图、岗位风险管控处置应知应会卡、区域风险四色图、风险统计、重大风险告知栏六项功能。

风险分级管控功能根据客运组织、运行环境、行车组织、设施监测养护、设备运行维修、重大风险等类别对风险进行分类记录与展示，根据风险可能性与严重程度对风险级别进行判定，记录各风险所属业务板块、风险点、操作步骤、典型风险事件/事故类型、致险因素等信息，并从工程措施、管理措施、教育措施、个体防护、应急措施方面制定风险防控措施，并针对新增、变更风险在数据库中进行动态管理。

根据风险分级管控中的风险数据库，系统生成了作业风险比较图、岗位风险管控处置应知应会卡、区域风险四色图等相关内容，实现在线查看、管理、打印及全员实时查阅的功能，提高风险认知与管控能力。

风险统计功能(图 3.2)可分级、分类、分业务板块、分部门、分岗位、分区域、分事故诱因等对风险数据库进行数据统计与图表展示，便于安全生产管理人员掌握风险分类及分布情况。

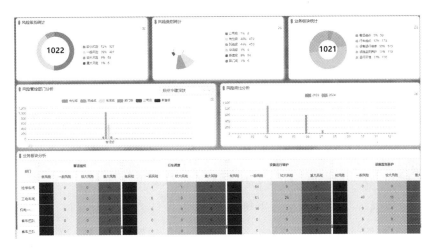

图3.2　风险统计功能

　　重大风险告知栏对现存重大风险进行公示告知,对风险名称、区域、等级、致险因素、事故事件类型、风险控制措施等进行展示,便于全员了解掌握并做好重大风险管控及自我保护。

　　4.应急管理

　　应急管理模块包含应急值班、任务推送、应急预案、应急物资、应急演练、应急队伍、应急专家库七项功能。

　　应急值班功能可在 PC 端录入带班领导、值班干部、电话值班人员基础信息,系统自动排序生成值班计划,并推送值班信息;值班人员可在移动端进行值班台账填写、交接班签字,实现应急值班全过程线上管理。系统还可对值班记录进行存储、筛选、导出,并根据选定时间自动计算值班明细及汇总表,提高应急值班工作的效率。

　　任务推送功能可将运营信息、演练信息、天气预警、客流及值班信息等信息推送至选定人员账号。OCC 每日将客流及值班信息推送至各部门应急组人员,各级安全生产管理人员也可通过此功能下发工作提醒与待办任务,提高信息传递效率。

应急预案功能可对预案历史版本情况进行跟踪记录,并对应急预案体系文本进行线上管理,推送至指定人员进行学习,同时与应急演练功能联动,自动统计各项预案半年、三年演练次数,对标各项国标及行业标准规范要求。

应急物资功能根据当前配置标准清单进行线上管理,实现物资基本信息录入、数量统计、到期提醒、巡视、保养、消耗、增补、调配线上登记等功能,并结合应急物资消耗情况进行实时预警,当储备数量低于配置标准时系统自动进行筛选与高亮显示,起到及时提醒的作用。

应急演练功能可对应急演练计划管理、演练方案编制发布、演练实施签到记录、演练评估报告上传、演练问题闭环整改等进行全过程线上管理,对演练相关资料及数据进行归纳收集与统计分析,便于安全生产管理人员高效管理演练相关资料,加强对演练工作开展情况掌握。

应急队伍功能可对现有的车辆、机电、工电、通号、站务和车辆段维保六支应急救援队人员与队伍信息进行线上管理,实时更新救援队人员清单及住址、联系方式等重要信息。系统自动关联应急救援队各成员培训记录数据,可一键跳转查询培训次数与培训内容,提高应急救援队的管理工作效率。

应急专家库功能可对现有专家库进行线上管理,对专家人员专业、部门、联系方式等进行统一管理,便于紧急情况下查找所需专业专家开展抢险救援。

5. 特种设备管理

特种设备管理模块包含电(扶)梯设备、特种设备统筹管理、巡视标准、巡检记录、问题登记、问题统计、特种设备排班八项功能。

特种设备统筹管理功能可对全部电(扶)梯、起重机、叉车特种设备信息、位置、状态、证书等信息进行集中登记管理,系统自动提醒设备年检时间。

巡视记录功能在 PC 端与移动端同时实现了巡检线上登记管理。巡检人员可通过移动端对照巡视标准中的项目开展工作并实时记录。本系统通过定位确保人员现场巡视,可线上留存巡检照片及登记特种设备存在问题,自动将问题推送至相关责任人进行审批及整改回复,落实闭环管理。

特种设备排班可上传特种设备管理人员排班情况,每日自动提醒当班人员开展特种设备巡检工作,确保巡检工作责任到人并提醒到位。

6.安全教育培训管理

安全教育培训管理模块包含安全培训、安全考试、练习题三项功能。

安全培训功能可制订或上传培训计划,通过系统在线记录培训时间、授课人、参训人员签字、培训附件、培训照片、抽问记录等资料,并自动同步到参训人员安全档案中。系统可针对安全培训数据进行统计分析,展示培训实施整体情况。

安全考试功能可在线管理试题库、试卷库,亦可添加考试安排,选择固定试卷或随机试题进行考试,还可在线选择考试人员。考试人员通过系统在线参加考试,完成后系统自动汇总答卷并对选择、判断等客观题进行判卷打分;考试组织者对简答题等主观题进行打分,提高安全考试判卷率。

练习题功能设计了每日答题、每周答题、挑战答题与顺序答题等模式,且同时支持 PC 端与移动端使用,便于随时随地学习,提高员工对安全知识的掌握程度。

系统严格对照国家法律法规、行业规定和内部规章制度,全面系统地形成了线上安全治理体系,主要亮点有以下几个方面:

一是跨系统互通,提高效率。从系统规划建设阶段,安全生产管理系统便提出跨系统互联互通的功能设想,现已实现危险及重点监控作业、临时动火作业审批与施工管理调度联动,在安全生产管理系统审批通过后自动同步至施工调度管理系统,实现跨系统互联互通,提高安全管理与施工管理工作效率。后续在安全生产管理系统升级过程中,拟与客服管理系统、设备维修维护系统等 8 个现有系统打通数据接口,获取客伤、乘客声音、开关站检查等数据,进一步提高安全管理工作效率,并预留与政府主管部门信息化系统接口。

二是数据联动,提供反馈。系统内部各功能模块数据均与安全档案模块进行关联,可在安全档案模块一键查询各部门、各岗位、各员工安全生产相关数据,并自动分类统计,同时对标各项国家标准、行业规范要求,反馈安全生产管理工作开展状况,高效发现工作薄弱点。后续在安全生产管理系统第二阶段建设过程中,拟建设安全管理标准规范与制度文本功能模块,将规范和制度相关工作要求与各功能模块相关联,系统自动对各项工作进行提醒与把控,从更多方面、更多维度提供反馈,不断完善安全生产管理体系与机制,保障线路运营安全。

三是责任到人,智能提醒。系统多个功能模块均具备智能提醒功能,在文件学习、信息收集、隐患整改、会议督办、应急物资管理、特种设备巡视、演练问题整改等多种场景下均可设置责任人与任务期限,相关工作提醒自动推送至责任人账号处,可根据任务期限进行分级显示并一键跳转至相应功能模块进行处理,督促按期完成工作任务。

四是实时更新,高效管理。系统各功能模块数据根据工作开展情况实时更新,自动形成统计数据与可视化图表,清晰展示安全管理工作的进展与不足,并可在企业微信、浏览器等多种联网终端上进行使用,工作人员可随时随地通过安全生产管理系统进行隐患录入、巡视登记、审批签字、文件学习等工作,无须打印或携带大量纸质记录材料,同时避免了出现传统纸质检查表丢失、损坏等情况,并可随时了解工作最新进展情况,提高了安全生产管理效率。

五是精准留痕,真实准确。系统对各项操作均记录准确时间,并通过 GPS 定位、人员签字、上传现场照片等方式确保工作开展;安全隐患、人员信息等记录仅标记为删除,系统仍可查询全部录入记录。系统服务器托管于华为云服务器中,通过以上措施在系统设计、数据存储、服务运行等各方面,最大程度保障记录数据真实准确,杜绝出现篡改、隐瞒等情况。

安全生产管理系统自运行以来,已成为内部安全生产管理的得力助手,显著提升了管理效率,降低了运营成本。经过近两年的实践,系统的价值在多个方面得到了充分展现,在安全管理规范性、人力成本节约和办公成本降低方面成效显著。

(1)安全管理规范性方面

在规范执行各项法律法规的基础上开展安全管理工作,近两年的各层级安全检查过程中,未发生安全工作漏项、错项等情况。

(2)人力成本节约方面

检查记录与隐患整改:系统实现了检查记录与隐患整改的线上登记与存储,取代了传统的人工陪同检查、手工填写台账的烦琐流程。员工只需通过系统即可完成记录提交与审批,极大地节省了人力成本,同时也节约了安全生产管理人员的时间,让他们能够专注于更具价值的工作。

会议督办与培训演练:通过系统进行会议签到、督办事项跟踪、培训资料上传与演练效果评估,减少了传统会议筹备、材料分发、记录整理所需的人力投入。线上平台的高效性,确保了信息的即时传递与反馈,提升了管理流程的透明度与执行力。

(3)办公成本降低方面

会议签到与资料传输:系统支持电子签到,取代了纸质签到表,不仅节省了打印成本,还简化了签到流程,提高了会议组织效率。同时,资料的线上传输与共享,避免了大量文件的打印与分发,显著降低了办公成本。

文件学习与演练归档:员工可通过系统进行安全知识、相关文件的学习,系统自动记录学习进度与反馈,省去了传统文件学习的纸质资料打印与分发。演练资料的线上归档,便于随时查阅与分析,减少了资料存储空间的需求,降低了档案管理成本。

值班信息收集与档案多端查看:系统提供值班信息的线上收集与管

理,员工可通过移动设备进行信息填报,减少了纸质值班记录表的使用。档案的多端查看功能,使得资料查阅不受地点限制,提升了信息获取的便捷性,进一步节约了办公成本。

随着本系统的成功上线试运行,工作重点转向本系统的进一步深化与拓展,启动了系统升级及优化工作。此次升级优化旨在构建更加全面、智能的安全生产管理体系,通过新增功能模块与现有模块的优化升级,实现系统内外部的深度融合,进一步提升安全管理的主动性和智能化水平,为线路运营安全提供持续、稳固的保障。系统升级建设了十四大功能模块,涵盖安全生产的各个关键领域,包括但不限于安全生产机构和人员、法律法规及安全生产管理制度、安全目标与考核、设备设施档案、作业安全、职业健康、安全文化、消防管理、治安保卫、反恐怖防范、保护区管理等十四个功能模块。对于现有的功能模块,我们将进行深度优化,提升使用者体验与系统效能。同时,加强与内外部信息化系统的互联互通能力,实现数据共享与业务协同,构建一体化安全管理网络。

（二）运营信息发布系统

运营信息发布系统(图 3.3)在坚持"数据驱动、智能决策"的设计理念下,围绕关键运营数据的统计、分析需求,录入客运量情况、断面客流等基础数据,利用人工智能技术进行数据处理与分析,为管理者提供科学的决策依据。同时,将复杂的运营数据转化为直观的图表、趋势图等形式,便于管理者快速掌握运营状况,把握全局。

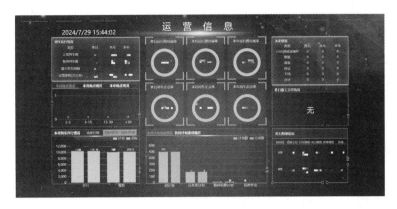

图3.3　运营信息发布系统

运营信息发布系统建设主要分为两个阶段：

2020年12月，系统上线试行，将运营概况、客运量情况、断面客流、车站乘降量、票卡使用情况、线网各线路客运量、列车开行情况、运营指标、生产重要信息、施工组织数据、施工异常情况、服务热线建议与投诉、气象预警信息的数据进行整合与呈现。

2023年8月，在既有系统功能的基础上，结合实际生产需求，进行了部分功能的优化升级，完善了基础数据采集，为后续的数据分析提供了可靠的数据源。

运营信息发布系统作为城市轨道交通运营指挥的中枢，其建设旨在通过自动化数据采集、深度分析与智能报告生成，为运营人员与管理层提供全面、实时的运营概况与关键指标，助力科学决策与高效管理。以下是系统四大核心模块的详细介绍：

1. 运营概况模块

该模块汇集了线路客运量、换乘系数、客运强度等核心运营数据，辅以计划开行、实际开行、运行图兑现率、列车正点率、施工兑现率及故障影响指标，形成了一幅详尽的运营全景图。运营人员与管理层可通过该模块快速掌握前一日或周期内的整体运营状况，为运输组织与调整提供数据支持。

2. 数据采集与分析模块

运营信息发布系统自动抓取票务、列车运行、施工、热线等系统的关键数据,同时支持手动录入事件信息,如设备故障、突发事件等。通过大数据分析技术,系统对原始数据进行清洗、整合,去除冗余,深度挖掘,自动生成不同时间维度的数据概览,如日、月、年报,直观展示运营关键指标,为运营决策提供依据。

3. 客流信息与列车运行服务情况模块

客流信息模块不仅收录了客运量、断面客流、车站乘降量、票卡使用比例等基础数据,还运用大数据技术,生成线路进站量、线路出站量、车站乘降量、月度累计客运量等关键指标,为收益管理与运营决策提供坚实数据基础。列车运行服务情况模块详细记录了时刻表、发车间隔、上线列车数等运营细节,为实时了解运营指标、运输组织与调整提供了科学依据。

4. 用户设置与报告导出推送模块

用户设置模块确保数据的安全性与保密性,通过差异化权限设置,满足不同级别用户的需求。报告导出推送模块则将分析结果以直观、易懂的方式呈现,支持手机、电脑终端的多渠道发布,各类数据报告一键导出,推送至用户手中,包括客流信息、列车运行、生产信息、施工组织等,为用户提供深入的运营状况洞察与趋势分析,支持自定义周期汇总导出,满足个性化需求,实现随时随地对运营信息进行查看与决策支持。

运营信息发布系统的亮点主要有:

一是全面数据整合与智能分析。本系统协同票务系统、列车运行、施工系统、热线系统,自动抓取运营关键数据。通过数据整合技术,将不同来源的数据进行统一处理,利用先进的大数据技术和 AI 算法,对海量数据进行深度挖掘和智能分析,自动生成形成标准化、多维度、高精度的运营日报,便于后续分析和应用。

二是用户权限与数据安全。用户设置模块提供灵活的权限管理功能,确保不同级别的用户只能访问到授权范围内的数据和功能,保障用户数据的安全性和可靠性。

三是定制化报告导出与推送。报告导出推送模块可实现自定义日期与周期报告导出格式,满足不同用户的个性化需求。

四是高效的数据统计分析功能。系统将复杂的运营数据以直观、易懂的方式展示给用户,界面设计了简洁明了的多种可视化图表和报表,满足不同用户的需求和偏好,提高决策效率。

运营信息发布系统上线后,极大地提高了运营人员的工作效率。通过自动化处理和分析数据,本系统有效减少了运营人员的重复性劳动和人为错误,同时,系统的智能化分析预测功能帮助运营人员及时发现和处理潜在问题。

运营信息发布系统采用先进的大数据技术,实现了资源的共享和优化配置。这种资源共享和配置方式降低了硬件和软件采购成本,减少了浪费。此外,系统可实现远程办公和移动办公等功能,使得运营人员能够随时随地处理工作事务,进一步降低了办公场地和设备的投入。

(三)乘务管理系统

乘务运作具有三个方面的特点,即涉及专业繁多、日常信息量大、行车组织复杂。当前,传统乘务管理已暴露出流程把控难、派班效率低、响应不及时、信息孤岛、人力及办公成本高等五个问题。乘务运作流程见图3.4。

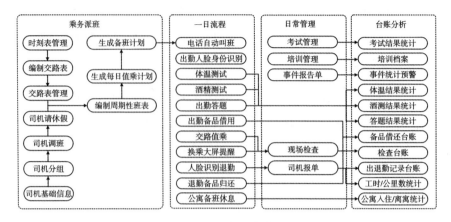

图 3.4　乘务运作流程

从上述突出问题出发,乘务管理系统在建设之初,提出五个建设基本原则:

一是明确使用目的。建设初期要明确管理系统的目标和功能。

二是满足运营需求。系统的设计和功能紧密结合乘务的实际需求。

三是数据自动分析。要求系统具备强大的数据处理和分析能力。

四是确保流程标准。系统各项功能要符合国家及地方标准。

五是探索现代化技术。积极探索和应用新兴技术。

乘务管理系统主要围绕乘务管理的“计划、生产、绩效”三大核心业务需求,从软硬件两个方面构建包含智能排班、自动派班、预警管理、绩效计算等功能的乘务信息化平台,优化生产效率,提升管理效能。

PC 端:包含时刻表管理等 11 项核心模块,实现自助化、无纸化、智能化和全域化。

移动端:包含排班信息查询、调班/请假等流程的申请等 9 项功能,提高信息传递及流程处理效率,实现即时确认排班信息,避免出现迟到、漏乘现象,极大地便利了电客车司机的日常工作。

自助终端:包含自助酒精测试服务等 4 大自助服务,可自助生成出勤流程及台账,节省了大量人力及耗材。智慧乘务管理系统功能总览见图 3.5。

图3.5　智慧乘务管理系统功能总览(出退勤终端及 PC 端)

在软件开发方面,采取"1+N"系统部署策略,即以乘务管理系统为中心,与智能运维系统、施工调度管理系统、安全生产管理系统、运营信息发布系统、人力资源管理系统等协作运行。功能开发从技术和日常两个管理方面设计。

1.技术管理。结合地方及行业要求,对乘务生产运作的关键流程进行自动提醒及有效卡控,避免人控导致主观性问题的发生,有效实现作业标准化。主要功能有以下 5 项。

(1)预警管理

通过对乘务运作数据、人员考核、天气情况等进行实时分析,向乘务管理人员及电客车司机提供风险警示。

一是人员预警方面,通过分析人员考核数据,在年度达到一定考核分值时进行预警,并由系统自动下发预警通知书,提醒管理人员对其进行下线处理。

二是事件预警方面,主要根据行车事件的数量及变化曲率进行预警,具体包含事件类型预警、事件地点预警、事件主题预警、车组号预警。

三是天气预警方面,接入专业的气象平台,实时对全线各站的天气情况进行预警,降低信息传递的时间消耗,让电客车司机能够第一时间接收预警信息并做好相应预想。

乘务管理系统的预警管理功能能够分级推送至管理人员,促使决策更加科学、准确,这在行业内达到了先进水平,迎合了现代大数据的潮流。随着乘务数据的大量积累,预警模型愈加完善,甚至产生乘务专业成熟的AI 模型。

(2)电客车司机交路表管理

在满足国家及行业标准、公司制度的前提下,乘务管理系统自动编制交路表,同时对作业流程中关键时间、地点做有效卡控,以避免主观性遗漏。智能交路的生成极大地降低了乘务派班的难度,同时与智能排班相结合,使用智能算法代替人工,极大地减轻了传统派班员岗位工作压力。

(3)备班管理

备班管理主要依托叫班系统实现。叫班系统包括电客车司机公寓管理、叫班管理两大模块。电客车司机公寓管理功能实现对各房间的可视化管理,显示房间状态,并根据入住规则,自动分配入寓。叫班系统同时联控交路信息,通过自动叫班机,对早班电客车司机进行自动叫醒服务,避免电客车司机出勤迟到。该模块取代了公寓管理员岗位及公寓纸质台账,降低成本的同时,零误差的自动叫班提高了乘务备班效率。

(4)出退勤管理

根据排班表,系统自动生成电客车司机日出退勤计划。通过在自助终端上配备酒精测试仪、温度检测仪及指纹识别仪,电客车司机可利用面部识别或指纹仪自助完成出退勤操作。在识别当前出勤电客车司机身份和当天任务之后,系统会提示进行酒精测试,并将出退勤时间、酒精值等自动录入系统,形成出退勤统计报表。尤其是在出勤时,系统自动分配并记录电客车司机用品,如钥匙、800 M 手持电台等,同时提供全天各出勤电客车司机对应的 800 M 手持电台号码,借用信息形成台账并保存。此外,支持在线业务答题(即"每日一问"),其中题目从系统题库中抽取,电客车司机完成答题操作后方可进行值乘任务。

(5)大屏幕显示管理

首先,大屏幕日常显示的内容包括日期和节假日的提醒、当日天气情况、每天需要抄录在电客车司机日志中的行车注意事项、电客车司机出勤提醒、通知通告、预警信息等。大屏幕能够分屏显示和动态显示,也可自定义显示模块。乘务大屏分为正线大屏和派班室大屏,显示信息根据属地功能设置,重要信息联动实时更新,解决了行车重要信息的传递梗阻,保障了行车安全及效率。大屏幕显示管理见图3.6。

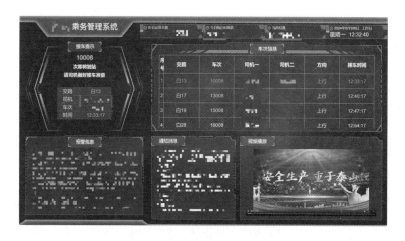

图3.6 大屏幕显示管理

2. 日常管理。根据实际管理需求,以解放劳动力、提高工作效率、降低主观性错误判断为主要目的,开发了包含时刻表管理、排班表管理等在内的六项功能。

(1)时刻表管理

主要用于时刻表的导入和数据的存储。电子版时刻表方便检索、易于管理,这既节省了纸张及打印耗材,也节省了纸质材料占据的存放空间。

（2）排班表管理

乘务管理系统可按照公里数平均、工时平均的原则，兼顾师徒带教、运转班制等多种个性化设置，自动编制排班表并推送至管理人员审批，审批通过后系统自动发布。若电客车司机因病、因事需调班时，系统将给出建议调班人员并提供个人信息，供排班人员选择。

（3）电客车司机管理

主要实现对电客车司机的线上日常管理，包含个人信息、订餐、请销假等内容。

（4）待办管理

主要确保信息快速地发送至选定人员，并在规定期限内接收待办反馈，便于管理人员实时查看反馈情况。

（5）考核管理

主要设置人员考核及车队考核两大模块。通过导入考核标准，车队及车间管理人员根据日常检查结果对人员进行考核。

（6）统计报表管理

旨在发挥数据辅助决策功能，以提前制定好的统计策略，让非数据分析专业人员也能够对数据加以利用。系统中的业务数据为自动生成各类基础报表，对电客车司机日常考核分数、总公里数、安全公里数和平时出勤状况按照一定的优先级进行排名，便于实施奖惩措施。

乘务管理系统在城市轨道交通乘务运作中发挥着关键的作用。它实现了乘务人员的派班管理、考勤管理、公寓管理、考核管理、综合管理、待办管理、培训管理和安全预警等功能，从而提高整体运营效率。具有以下四个特色：

一是自助化。体现在出退勤一体机具备刷脸认证、酒精测试、出勤答题及备品借用等功能；派班室大屏幕能够显示运行揭示、调度命令、发车计划、安全提示、故障预警、学习任务和出勤提醒等内容。

二是无纸化。体现在乘务运作过程中产生的生产信息、安全事件信息、技术故障信息、综合考勤信息及培训信息,均通过系统自动生成或手动录入等途径上传,并保存在系统数据库中。这种电子档案的生成与保管方式逐渐替代纸质台账的运用。

三是智能化。体现在交路排班、统计分析、公寓分配及信息推送、人员及事件预警智能化。

四是全域化。体现在满足乘务运作的全流程业务需求,满足人员全时、全域的管理要求。

乘务管理系统产生的经济效益体现在两个方面,分别为人力成本节约及办公成本节约,每年总计节约成本约52万元。

人力成本方面。交路排列及自动叫班采用系统自动算法实现,出退勤、公里数统计、公寓安排均由系统自动进行,文件签阅、电客车司机调班均采用线上提交、线上审批的流程及其他信息化管理措施,经计算,每日节省约20工时,每年可节约工时成本约22万元。

办公成本方面。电客车司机报单、行车事件单、人员考核等采用线上填写及储存,每年节省台账约300本、A4纸60 000张以及办公耗材30万元。

通过对系统的不断优化和升级,交路排班的合理性和准确性得到大大提高,同时通过先进的关键人识别及事件预警模型,降低正线行车风险,提升了电客车司机值乘的可靠度,确保为市民出行提供安全、可靠的乘车服务。值得一提的是,其集乘务生产运作、安全管理、物资管理、人员管理、培训管理等于一体,覆盖乘务运作全流程,相关经验正在持续辐射城市轨道交通行业,现已在多家地铁公司实践运用。

(四)客服管理系统

站务管理是多目标、多方面、多层次的综合性组织管理,具有人员基数庞大、业务流程复杂、信息统计烦琐等特点,存在业务流程冗长,管理信息收集和管理决策执行、监督滞后等问题。建设符合专业管理特点的信息化系统,通过计算机取代技术含量低、流程繁复且重复性高的工作,辅助管理人员决策和监管是有效解决问题的途径之一。

客服管理系统建设拟分为三个阶段。2020 年建设之初,设计名叫站务管理系统,侧重于部分现场生产运作,设置 4 个板块,共 36 项具体业务;2022—2024 年二期优化升级后,更名为客服管理系统,涵盖调度、票务、站务 3 个专业工作,设置 10 个板块,共 50 项具体业务;2025 年计划开展三期优化升级工作,新增 38 项具体业务,实现客运部业务量信息化程度达 92.6%,最终达成关键数据信息化、流程管理自动化、现场作业可视化、工作记录无纸化、文档管理电子化的管理目标。

客服管理系统主要围绕四个方向进行建设:

一是紧盯痛点,解决问题。围绕运营管理决策和现场作业操作两个痛点,以提高管理的有效性、及时性,降低技术含量低、重复性高的工作量。

二是降本增效,提高效率。实现台账电子化,数据分析自动化,降低办公成本和人力成本,提高工作效率。

三是分层授权,按岗呈现。内容呈现按管理层级的内在需求进行个性化设计,以满足各级人员的使用需要。

四是打通系统,抓取数据。协同多个信息系统,实现数据同步自动抓取。

基于此,设计 PC 端 10 个核心模块,涵盖了调度、票务、站务专业日常管理的各个模块;移动端 3 个模块共 12 项具体功能,主要为人事管理的考勤、绩效等,现场运作的车站巡视、调班管理等,综合管理的待办、文件学习等。PC 端与移动端的互通,极大地便利了各层级人员的日常办公。客服管理系统 PC 端首页面和移动端首页面分别见图 3.7、图 3.8。

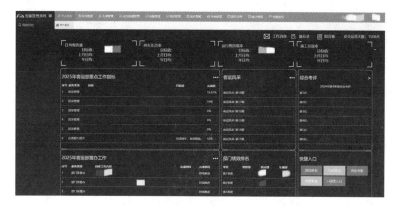

图 3.7 客服管理系统 PC 端首页面

图 3.8 客服管理系统移动端首页面

客服管理系统建设完成后,业务线上覆盖率达 91.6% ,满足内部全员使用目标,实现以下 4 大方面功能。

1. 作业流程标准化

将国家法律规定及行业、公司制度中强制执行的工作流程实现线上作业,并对关键节点进行卡控,做到不遗漏、不错乱,主要实现了车站巡视检查、物资管理等 4 项作业的标准化。

(1)车站巡视检查

固化巡视路径,将运营前检查巡视流程、日常巡视点位、关站巡视流程纳入车站巡视点,根据巡视周期自动加入当天巡视路线。巡视路径按系统提示进行,完成上一项检查打卡后方可进行下一项。移动端增加照片上传功能和手写签字功能,确保站务人员在巡站过程中能够即时完成台账填写的全部工作,OCC 可随时了解车站运营前安全检查的结果,做到与车站的信息互通。

(2)车站物资管理

实现车站应急物资、药品等到期提醒,应急物资巡视可通过车站巡视界面点击链接表单直接填写应急物资巡视结果,同步生成记录。

2. 工作流程自动化

将生产管理和日常管理流程纳入线上,实现流程的自动流转、闭环管理和信息的自动抓取,节约了人力投入。主要实现了计划、督办、设备信息共享等 7 项工作流程自动化。

(1)计划管理

计划管理下设公司核心业务指标计划、公司重点工作指标计划、部门重点工作指标计划和部门日常专项计划共 4 类内容。以上计划一经导入,客服管理系统将进行自动辨别,并发送至相关工作责任人。

(2)督办管理

督办管理涵盖文件督办、会议督办等各层级督办事项的立项、执行、处理、反馈。督办任务下发后,通过 PC 端、移动端自动化弹窗提醒相应责任人予以执行;督办完成提交销项材料时,亦通过 PC 端、移动端自动化弹窗反馈至各任务经办人,实现任务实时提醒、在线销项,帮助各层级管理人员直观掌握进度情况。

（3）设备信息共享

依托信息技术,与其他信息系统打通,实现数据共享,例如与维护维修管理系统打通,将任一车站在维护维修管理系统中录入的故障但未完成修复信息同步至该站值班站长和值班员交接班记录中;与施工管理系统打通,将每日施工开展情况(如正在进行、未完成等状态)同步至值班站长、行车值班员交接班记录中。

3. 台账管理电子化

将公司制度规定的模板化台账实现线上填写,以信息化替代繁复的作业内容,主要实现报修检修台账、档案管理电子化,包含台账管理、委外管理库等。

（1）台账管理

调度、票务、站务三个专业共需填写 103 本台账,为达到降本增效的管理目的,将 87 本台账实现线上填写,台账电子化率达 84.47% 。

（2）委外管理库

实现档案管理、考勤管理、考核管理信息化。受委外人员基数较大且流动性较强的影响,委外管理难点主要集中于人员档案的整理及出勤人数的核对。在档案管理方面,实现了通过上传委外人员身份证,系统自动抓取关键信息生成人员基本信息表,同时打通安全生产管理系统,链接安全教育相关档案,极大降低了档案管理的复杂度。在人员考勤方面,利用手写签字功能实现线上签到,后台自动统计出勤人数。在考核管理方面,车站人员可随时在移动端录入考核条款,系统自动匹配相应的考核分数,生成各站的考核统计表。

4. 关键数据信息化

实现客服、培训、绩效等各板块共 8 项关键数据的后台统计与分析,同时根据各层级的管理需要和不同的使用需求,按管理岗、职能技术岗、生产岗进行角色划分(图 3.9),设置不同的查看权限,呈现不同的重点内容。

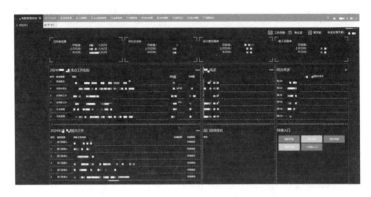

(a)管理岗首页面

(b)职能技术岗首页面

(c)生产岗首页面

图 3.9　不同角色数据后台

（1）客伤管理

车站人员将客伤情况录入后，后台自动统计形成客伤台账，并对客伤类型、有责/无责等情况形成饼状图等数据呈现。后期计划通过系统自动标记车站易发生客伤地点，以实现车站的精细化管理。

（2）培训管理

为实现精准培训，客服管理系统根据各模块考试成绩，以373名站务人员和24名调度人员为对象，系统自动精准绘制人才画像，从班组和个人两个方面以散点图、折线图等方式呈现数据分析结果，全方位展现人员技能掌握情况。同时，人才画像的6个维度与培训题库、能力清单链接，可实现员工随时随地线上自主学习（图3.10）。

图3.10　人才画像页面

（3）绩效考核

实现线上录入考核项，系统后台自动统计考核分数及排名，于每月底计算生成员工当月绩效工资，同时呈现不同维度分析信息，极大减少了综合管理岗的工作量。

此外，还设置了5个人性化辅助功能，即备忘录、工作提醒、搜索、留言板、快捷入口，便于员工使用。

在前述功能实现的基础上，客服管理系统以信息系统间业务聚合为着力点，从打通系统和补充功能两个方面进行深化建设。

一是"打通系统，抓取数据"。打通安全管理系统，将客服管理系统中的双重预防体系、安全检查等任务直接链接至安全生产管理系统，抓取关键数据。打通施工管理系统,将施工管理系统中的施工完成数据直接抓取更新至客服管理系统值班站长、值班员交接班台账中。打通维护维修系统,将车站故障信息直接抓取至值班站长、值班员交接班台账中。打通运营信息发布系统,将列车正点率、客流信息等关键数据直接抓取至客服管理系统中,并完成后台数据统计分析。

二是"延续使用,补充功能"。客服管理系统通过绩效考核功能,可将考核结果直接导入人力资源管理系统;对施工管理系统增加端门管理功能,其使用结果可同步至客服管理系统相关台账中。

系统的开发与使用在公司的经济与管理质量方面有一定的效益。经济效益主要体现在两个方面:一方面是人力成本,绩效考核、培训管理、客伤管理等采用系统算法自动实现,交接班台账填写、委外人员档案管理等利用系统间的数据抓取自动填写,计划督办、资料提交等工作实现线上传输,各层级工作效率大幅提升,全年可节约 13 258 个工时,其中,综合管理、安全管理工作效率提升最为显著。另一方面是办公成本,交接班本、票卡盘点表、安全培训记录本、环控维修调度命令登记表等 87 本台账电子化,全年可节约台账、材料等成本费用 10 592 元。

管理效益主要体现在三个方面:一是作业标准规范化,建立标准化库,规范作业流程,卡控关键节点,从职能技术到生产岗位规范作业动作,提高工作质量;二是促进决策科学化,从安全、行车、施工、质量、客服、培训等方面,实现实时更新数据,后台自动统计分析,为管理人员做出科学管理决策提供数据支撑;三是实现管理透明化,管理从"点"走向"面",将所有的业务板块实现线上操作后,各管理层级能够实时监管到工作推进情况,实现透明化管理。

纵观各家地铁公司的站务管理系统,更偏向于站务属地化管理平台,旨在达到减轻一线负担的管理目的。而客服管理系统覆盖的专业板块、人员层级、业务范围更加全面,不仅通过交接班的优化、物资的线上管理、客服信息的自动填写等功能有效减少了一线重复性工作量,而且兼顾职能技术岗的工作效率提升,以及各级管理人员对现场信息及时掌控的需求。

(五)高位地保视频巡检系统

地保管理工作特点明显,体现在地保范围外部作业的随机性,作业结果对地铁影响难以预测,系统借鉴国土监测方式,以图像巡查对比做宏观把控,现场核实做具体判定,采用人机互补模式开展地保管理工作。

地铁 3 号线贯穿郑州市东南片区与西北片区,横跨经开区、管城回族区、金水区、二七区、惠济区等多个城区,地铁隧道下穿多处老旧城区、新兴城区、工业区、偏远区域等,地面情况复杂。为解决传统巡查方式带来的弊端,我们建设了高位地保视频巡检系统,对 3 号线交通控制保护区沿线危险施工行为实施自动监测及预警,在 32 个监控点位的通信铁塔吊装高清摄像机,实现了 7×24 小时视频巡查。高位地保视频巡检系统主要运用了计算机网络技术、无线通信技术、人工智能技术、多媒体视频技术、地理信息技术、卫星定位技术、数据库技术等,是一种新型的智慧监控、预警和决策支持系统。

高位地保视频巡查系统采用先进的多媒体技术和视频图像压缩技术,实现动态视频监控和高速图像传输。构建指挥中心的软硬件环境,实现指挥中心对现场的动态监控与指挥决策。

高位地保视频巡检系统分为前端数据采集系统、网络传输系统和智能分析系统。前端数据采集系统通过有线数据传输方式,将数据实时传送到监控中心服务器。监控中心服务器对上述数据进行实时处理与分析,从而实现用户对管辖区域的实时监测,并在发生异常情况时实现实时报警和定位,报警给相关的负责人,并在地理信息系统上实现目标标绘。系统业务操作流程图见图 3.11。

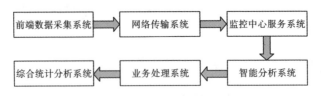

图 3.11　高位地保视频巡查系统业务操作流程图

　　高位地保视频巡查系统使用了 JAVA+ NGINX + SQL SERVER 技术架构,通过用 AI 智能物体识别和定位功能,能够直接判断地铁保护区内存在安全隐患的位置和基本情况,根据管辖权限,系统能够将信息指派给相应的责任人,责任人通过移动终端,能够及时掌握违规情况,同时对现场情况进行填报,整个过程压缩了信息反馈的时间。高位地保视频巡查系统在决策方面提供了很强的分析数据,有效减轻了监控中心人员的工作强度,提高了工作效率。

　　高位地保视频巡检系统以城市轨道交通设施为保护对象,以保护区内的外部建设项目为监管对象,通过巡检和监控等技术手段实现对 3 号线保护区有序管理与保护,对外部建设项目的集中管控。在系统设计过程中,我们加强了线路点位、危险物场景和视频监控系统的融合,平台搭建、GIS 地理信息、危险物场景、AI 智能分析、摄像机控制等技术的运用都对本系统起着重要的作用,缺少任一环都无法实现智能化预警监控系统。在平台搭建上,我们主要采用的是 Web 2.0 平台和 GIS 地理信息系统,再结合第三方视频插件,共同搭建了高位地保视频巡检平台。摄像机监控点位是平台的基础设备,系统依托地铁沿线高位摄像机,定位到预警信息的预警 ID、设备编号、预警位置、XY 坐标等内容。通过审核人员 ID、巡视人员 ID 的操作时间,业务交办对预警信息进行关联,以 GIS 地图为底图,现场实时视频对比关联,从而能够很快地将监控点进行场景还原。

　　本系统的模块功能可以分为视频集中管理模块、视频图像自动采集模块、平台软件系统功能模块和移动端功能模块四个部分,具体如下。

1. 视频集中管理模块

以视频为核心、以网络为纽带,运用互联网思维和技术、智能技术系统集成综合业务管理平台,基于统一规范整合视频监控。视频资源接入系统当前支持GB/T 28181标准协议视频监控设备接入,同时支持定制化对接服务,兼容设备协议持续迭代积累。

2. 视频图像自动采集模块

各监控点位安装的高清球形摄像机具备16倍光学变焦、32倍数码变焦、红外夜视、水平360°旋转、垂直90°旋转等功能。本系统进行摄像机基本信息浏览,浏览查询摄像机基本信息情况数据,点击"打开视频"可对任意点位的视频监控子系统的视频进行调看,如果2 min内不操作摄像机会自动进入自动巡查模式。为满足中心历史影响场景回看的要求,前端视频监控系统能够自动根据预置位抓拍昼夜实时图像,拍摄的同时记录摄像机预置位、旋转角度、仰角、变倍等参数。

3. 平台软件系统功能模块

视频管理:支持摄像机状态显示,对摄像机信息进行管理和调度,实时巡查。能够对摄像机进行拉近拉远操作,也可进行保存预置位操作和输入名称等进行摄像机查询操作。

自动取证:系统7×24小时实现监控全覆盖,对电子围栏内出现的违法施工活动自动抓拍取证。

预警审核:预警管理是系统AI自动对轨道交通控制保护区内出现的违法施工行为自动识别预警,预警信息通过平台推送进行显示,并根据要求进行审核操作。系统具备监控对象辨别、异常行为判断、复杂环境识别等能力,并对可疑事件自动生成告警信息,并将信息推送给相关人员。

系统识别是系统将图像识别的内容与系统设置预警词进行比较,判断轨道交通控制保护区内是否出现违法施工行为并预警。系统可以根据时间、预警状态、摄像机等信息查询预警信息,自动标注报警区域,通过系统直接打开摄像机、查看摄像机当前情况,工作人员可以对预警信息进行预判,确定有效、重复、误报等情况,如果是有效预警,则将信息推送给报警系统。

核查管理:针对已交办的疑似违规项目核查情况进行综合研判,且生成相应的核查报告。

项目管理:可以通过报备的项目信息,系统自动跟踪项目进展情况。

报警管理:系统能够自动计算违规区域,对违规项目进行交办,支持一键导航。也可以通过摄像机名称、报警时间等对违规提请数据进行显示查询,支持查看相关数据的报警图片和最近现场情况。

综合统计:针对业务、数据进行多方位系统分析,包括预警数据、审核数据、核查数据等。

智能分析:实时对自动抓拍的结果进行分析、信息标注,自动推送到前端进行处理。

4.移动端功能模块

移动端功能不仅拥有 PC 端所有业务操作功能,用户可接收指挥中心下发的报警,而且可以对核实结果进行填报、位置导航等。其特点功能包括:核查填报,巡查人员发现违规项目,使用移动终端进行违规项目登记;勘验取证,巡查人员发现疑似违规项目,可对该违法行为或疑似违法行为勘验取证,多方位拍照,系统可记录拍照方位,定位坐标,还原现场各角度真实全貌,同时防止弄虚作假;电子地图,通过电子地图进行摄像机操作巡查,显示巡视人员的位置,以及查看位置附近的摄像机;卫星定位,系统可凭借高德地图或百度地图等为巡查人员进行地理位置导航,只要在移动端图层拾取坐标点即可导航至目的地。

现国内绝大多数地铁公司采用人工巡查方式定期对地铁保护区进行巡查,以便及时发现地铁保护区内的违法违规施工行为。人工巡查最大的局限性是巡查人员工作日上班期间做不到对运营线路地铁保护区全天候覆盖巡查,特别是有些施工项目往往发生在夜间或非工作时间,杜绝不了施工破坏隧道结构的事件发生。随着在建线路的投入运营,地保巡查人员也随之增加。如果地铁 3 号线实施全线人工巡查,则需要至少 22 名员工。高位地保视频巡检系统的应用节省了大量的人力成本。

(六)施工调度管理系统

传统地铁施工管理存在施工作业种类多、施工行车通告编制工作量大、请销点时间较长、计划统计工作量大等问题,在繁重的工作量下,难免会出现因疏漏导致的安全冲突。为了解决以上问题,建设了施工调度管理系统。系统涵盖了全部车站、正线(含折返线、出入段线、渡线、存车线)及场段各股道(含试车线)。

施工调度管理系统是对地铁运营范围内施工进行管理的信息化系统。它是以提高施工检修过程的安全性和作业效率为目的,通过冲突检测算法实现不同施工作业类型对时间、地点、线路和供电要求等资源的冲突研判及预警功能,利用信息化技术,达成施工计划、施工组织和施工统计等功能的全过程流程卡控、数据管理和台账填写的电子化管理,全方位提升施工管理效率的目标。同时,还涵盖调度命令管理、供电工作票、运营前检查等功能,解决了各模块因通信方式受限导致效率低、人工誊抄易错等问题。

施工调度管理系统于 2021 年上线使用,重点实现了施工计划管理、请销点、停送电及挂拆地线、调度命令、运营前检查、供电工作票、外单位管理、车辆管理等功能的线上运行;2023 年,在既有系统功能的基础上,结合生产和操作使用实际,进行了部分功能的优化升级,并和安全生产管理系统、设备维修维护系统、客服管理系统打通,实现部分数据共享,在功能设计上更贴合生产,操作使用上更具便捷性。

施工调度管理系统包括施工计划管理、施工作业控制、施工计划发布、施工数据分析、施工负责人管理、防护区域与影响区域检测、外单位管理、调度命令、危险作业管理、运营前检查、系统管理、重要信息提醒等功能,实现了移动端操作,支持通过接口获取其他信息系统资源,并且能实现用户对业务流程及所涉及报表的自定义支持。具体功能模块如下：

1. 施工计划管理模块

施工计划管理功能自动抓取设备维修维护系统中各专业提报的检修计划，施工调度管理系统自动生成施工计划。施工计划经过批准后，自动生成《施工行车通告》，使用者可将其导出。

在计划填写界面设置上预留足够的扩展字段，可自定义界面的属性和内容，其可填写内容包括作业代码、作业描述、作业时间、作业地点、作业部门、接触网供电要求、计划类型、作业类型、冲突情况、作业令号等信息。计划填写功能操作简单直观，并尽量选用单选、图形选择和固定模板等方式进行填写，尽量减少人工文本输入产生的错误。计划填报设置是否"外单位""动火作业""高处作业"等选项，且可根据需求由管理员增减选项，并作为自定义冲突检测的依据。计划填报还具备满足于施工计划申报流程的处理功能，每一级单位均可填报计划；可驳回上一级单位申报的计划；可修改或删除转交至当前单位的计划，修改后可查看修改记录；可对汇集到本单位的计划进行冲突检测，提前解决冲突或减轻下一级单位施工管理人员协调的工作量。

该模块主要具备对防护区域、影响区域等冲突检测功能。正线、车厂等区域的施工由系统自动选择进行冲突检测，对冲突计划系统能自动提醒，其中车厂区域施工监测细化至某个道岔或股道。

2. 施工作业控制模块

施工作业请销点功能包括施工登记、施工请点、施工批点、施工销点、施工延迟销点等。系统自动记录每个操作的操作时间和操作人工号等信息，以备后续查询。

其中，在施工请点界面默认显示当天（××:××—次日××:××）涉及本站的施工，可随时查看施工进度。系统可自动判断线路、接触网等条件满足施工请点条件后，请点单位可向施工批准人申请清点。请点时系统能自动检测当前是否有与其相冲突的施工作业正在进行并弹出报警信息及冲突类型。

3.施工数据分析模块

本模块主要功能为统计各类计划数量、计划兑现率、计划准确率、时间利用率、日变更计划比率等指标,统计报表汇总及图表展示等。主要从三个维度进行数据的统计分析:

——按公司级、部门级、车间级、工班级进行相关指标统计;

——统计未完成计划和不准确计划施工情况,并进行列表说明;

——在系统首页展示不同部门、不同类别、不同计划类型的计划准确率和兑现率图表;本单位和外单位施工比重及环比情况图表,并可自定义选择日期范围。

4.施工负责人管理模块

施工调度管理系统可满足不同施工作业证从事不同施工类型的需要,并对不同类型的施工作业证进行区分管理,同一人员可录入多个类型施工作业证。系统自动将作业类型及动火作业进行关联和冲突检测,避免出现无资质施工负责人从事相关作业。在"查看到期"功能中,可查看距离到期日期近一个月或自定义时间的人员信息,具备施工负责人的有效期后台配置及复审管理功能。

5.外单位管理模块

施工调度管理系统将已审批的外单位施工项目名称、作业期限、施工负责人等自动纳入计划填写限制,与计划填写、已发布的计划关联。同时,系统还具备外单位施工计划延期、变更、查看、导出功能。

6.调度命令模块

调度命令是OCC进行指挥的重要手段,我们采用系统发布调度命令代替人工笔录复诵的方法,直接有效提高命令发布的准确性和效率。在本系统上创建调度命令有两种方式:一是直接创建,二是通过调度命令模板进行创建。

调度命令模板可以直接读取调度命令模板内容,同时可根据发令人角色以及命令类型自动生成调度命令流水号,人工可进行修改。

调度命令创建后,流程到值班主任进行审核。审核通过后可自动发布,并将以消息提醒的形式发送给各受令处所。各受令处所接收到调度命令后,系统终端将以明显的文字和声音进行提示,系统用户需执行"反馈"操作进行确认。所有受令处所反馈后,该调度命令的工作流程才能结束。其中具有相应权限的用户可以查看已发布调度命令的反馈情况,包括各受令处所是否已反馈,反馈人和反馈时间等。若调度命令长时间未反馈,调度员可通过电话等辅助手段进行询问。

7.接触网停送电模块

正线、车厂的接触网停/送电由调度员创建"停/送电通知单",填写以下要素:日期、类型、选择"停电"或"送电"区域,在图板上选择需要停电或送电的区域,点击"自动选择",系统会将当天所有需要停电的区域做并集并自动选择受令处所。

调度员在创建停电挂地线单或拆地线送电单时,选择需要停电、送电、停电挂地线或拆地线送电的供电区域。停电挂地线单或拆地线送电单经审批后可自动发布,执行的结果会在施工一览图对应的供电区状态和颜色同步更改。停电单或送电单审批时,系统会检测相关接触网、作业区域是否存在冲突的作业,是否正在拆挂地线,并自动列出冲突情况。

8.危险作业管理模块

施工调度管理系统与安全生产管理系统关联,自动抓取施工相关的危险作业许可证。其中,施工计划审批和危险作业审批无先后顺序,若计划申报前危险作业审批流程已完成,则在计划填报页面可直接关联相应的危险作业许可证;若计划发布后危险作业审批流程才结束,计划申报人在"调整计划"中关联相应的危险作业许可证即可。

9.运营前检查模块

调度员组织对全线施工出清情况,运营线路是否空闲,接触网、低压供电及环控系统运行情况等进行系统性的安全检查,实现检查数据的记录、发送、上报、汇总及审核等功能。系统支持按不同岗位分类开展运营前安全检查，也支持自动选择执行的列车时刻表，自定义配置检查项目。

10.端门管理模块

车站请销点页面具备登记车站端门进出信息的功能。其中，非施工原因进出端门的，支持单独创建端门进出登记功能。

车站值班员可按照车站、进出事由、进入区域、是否进入轨行区、单位、证件编号、负责人姓名、联系电话、进入人数、进入时间等信息进行端门进入登记；出端门时，值班员确认并录入离开人数，记录离开时间。

施工调度管理系统以技术手段有效实现了施工管理中关键作业的卡控功能，主要体现了五个方面的特点：

一是自动冲突检测。通过设定冲突检测要素、检测规则，在计划填写、计划审批、计划汇总、请销点及停送电环节均可自动进行冲突检测。充分利用计算机辅助手段能有效地对各类冲突进行卡控，杜绝"人车冲突""人电冲突""车车冲突""电车冲突"的发生，解决了施工计划编制的主要矛盾。

二是行车调度员预授权。针对常规 A 类施工（除跨运管主体施工、跨区域施工、行车类施工、区域封锁施工），行车调度员确认具备请点条件后可下放审批权至车站，由车站批准施工。行车调度员预授权功能主要解决 A 类施工行车调度员审批排队问题，该问题也是地铁行业内普遍存在且较为突出的问题。行车调度员预授权功能的上线运行，能够有效地缓解 A 类施工批点排队问题，提高施工组织效率。

三是呈现施工系统一览图。通过不同颜色以区分正线的行车管制区的不同施工状态，一览施工带电、停电、占用、封锁情况，停送电状态依照停送电通知单同步实现变化。全面、直观地展示线路施工情况，为调度员安全、有序地组织施工提供有力保障。

四是设置施工负责人管理功能。满足不同类型施工作业证的人员信息并存且与施工计划进行关联，实现了施工清点时施工负责人信息的电子化查阅,同时具备取消纸质作业证条件。解决不同类型施工负责人在不同施工计划中的关联应用及冲突检测,减少施工组织审核工作量,提高施工组织效率。

五是设计系统移动端操作。施工管理人员可以不受时间与地点的限制,随时随地使用手机与施工调度管理系统进行数据交互,处理相关节点工作。摆脱了用户或施工管理人员外出开会或其他情况不方便使用内部办公电脑处理工作的困境。同时,施工负责人可以提前在移动端进行施工登记,有效地缓解了正线施工大站排队登记问题。

施工调度管理系统的上线在安全保障、工作效率和办公成本上的效果十分明显。

在安全保障方面,上线 4 年以来,未发生行车与人工施工冲突事件,有电与无电施工冲突事件。

在工作效率方面,施工调度管理系统通过智能算法和电子化流程,减少了人工填写和统计错误,工作质量提升的同时,各级工作效率大幅提升,全年可节约 20 296 个工时。

在办公成本方面,施工调度管理系统共涉及施工计划申报单、施工登记本、端门登记本、调度命令登记本、运营前检查台账、停送电申请单、停电挂地线/拆地线送电通知单、供电工作票等 19 本台账电子化管理,全年可节约台账、材料等成本费用 20 670 元。

(七)设备维修维护系统

设备维修维护系统围绕设备全生命周期展开,功能设计满足各专业设备日常计划维修、故障维修中的人员、标准、物资、结果各环节的管理,实现日常生产管理的智能化、无纸化、信息化,提高设备维护基础管理水平。涵盖变电、接触网、轨道、通号、站台门、电梯、AFC、综合监控、FAS、房建结构、装饰装修、风水电等专业。

结合精细化、智能化管理体系要求和轨道交通设施设备专业多、设备多的特点,将各个专业的检修规程、维修模式等进行全面的梳理和细化,加强对生产全过程的监督与作业质量的控制,强化对一线生产的技术支持,确保设备检修作业管理有标准、计划有统筹、操作有指引、执行有监控、事后可追溯、数据可分析。具体功能主要有:

1. 设备档案管理

设备档案是维修各专业设备的基础信息,也是实现设备全生命周期管理的基础数据,可通过系统将设备名称、规格型号、技术参数、设备分类、安装位置、所属工班、日常检修、故障处理等信息收录在内,支持生成设备二维码,可通过扫码的形式查看设备履历(即巡视记录、检修记录、故障维修记录)、设备信息、图纸资料等内容。

2. 巡视管理

员工可通过巡视管理模块进行巡视计划的创建,完成后可通过移动端填写巡视工单,上报提交后在 PC 端生成记录,实现设备巡视任务的执行、巡视过程的监控、巡视结果查询、统计分析,在巡视计划内数据统计分析模块可根据需要自行生成一段时间内数据变化曲线,并能查看设备巡视的历史记录。

3. 检修管理

员工可通过检修管理模块进行检修计划的创建,完成后生成施工计划,并推送至施工调度管理系统完成计划的申报,通过后的施工计划在作业当日生成检修工单,也可直接通过施工计划生成工单下发至作业人员,作业人员使用移动端接收检修工单,按流程将检修中涉及的作业令、班前班后会、材料工器具清单、工作票、检修记录等填写完毕并上报提交后,在 PC 端生成全过程电子检修记录存档,同时支持批量导出存档。

4. 交接班管理

值班人员可通过 PC 端、移动端两种方式进行交接班,PC 端支持交接班信息状态显示,包括值班点、交班人、交班班组、交班时间、接班人、接班班组、接班时间等,同时系统支持当值人员查询历史交接班记录。

设备维修维护系统与其他系统之间实现了互联互通：

一是与施工调度管理系统互通。计划性检修计划与施工计划关联，按照下发的作业令生成相应检修工单，供检修人员接单执行。同时施工调度管理系统中的作业令、工作票倒闸令支持设备维修维护系统调用，可作为检修记录存档在检修工单中。

二是与物资管理系统互通。可在系统中检修作业管理模块查看物资管理系统中的备件详情，检修作业管理模块填写的物资消耗单，可提供给物资管理系统，为物资定额做预留接口，供相关人员获取，以此作为统计分析物料使用情况的基础信息。

三是与运营信息发布系统互通。各专业可在设备维修维护系统内进行日报故障查看、跟进、回复、统计等操作，通过约定的故障信息描述字段的方式，实现故障闭环管理，提高一线人员操作效率。

通过信息化技术完成设备生产相关信息收集、汇总、统计等内容，提高设备管理中检修、巡视、故障维修的效率，该系统在降低工作人员劳动强度的同时，提高了运营管理的效率。主要亮点有：

一是故障管理规范化。实现故障提报流程更加规范，报修信息更加精准；与运营日报发布系统互联互通，故障回复只需一次；支持故障环比、同比分析，根据故障工单自动生成折线图，可统计某一站、某一阶段、某一设备故障历史情况。

二是计划维修无纸化。融合各专业检修规程记录，实现线上全流程填写；支持计划性检修消耗统计，为定额管理提供信息支撑；支持计划维修记录数据分析，便于查看数据变化曲线。

三是交接班管理标准化。统一各专业交接班台账，实现交接班电子化填写，留存电子版交接记录，支持交接班记录表内设备运行情况、检修作业情况、重点关注事项等字段预置，执行更加规范、便捷。

四是基础台账精细化。设备管理分为设备位置、设备分类、设备台账、部件台账四类，信息更加完备，管理更加精细。

设备维修维护系统的应用实现了计划维修的不失修、不过修,故障维修实现闭环控制,与此同时减少了印刷品台账的使用,降低了工作人员的劳动强度,提高了设备管理的效率。其产生的经济效益主要体现在人力成本和办公成本两个方面。

在人力成本方面,相比传统的台账记录方式,通过设备维修维护系统可大大节省检修、巡视工作时长,提高记录的准确性。以设备巡视为例,平均每天需执行巡视 145 人次,则每月可节省工时 1450 小时,每年可节省人力成本 17 400 元。

在办公成本方面,通过设备维修维护系统得知,每月需完成交接班台账 1583 份,巡视台账 4367 条,检修台账约 800 份。按每份台账消耗 1 页 A4 纸计算,则每年需消耗 A4 纸 119 400 张,每年可节省印刷品台账费用 47 760 元。

目前,设备维修维护系统在轨道交通行业的应用正在逐步成熟中,现有系统是内部自主设计、精心开发的一套维修生产管理系统,为后续设备管理信息化奠定了坚实基础。

(八) 智能运维系统

智能运维系统(图 3.12)的核心目标在于实现对电客车状态的实时监控,通过智能分析预测和诊断潜在问题,从而优化维护操作、提升列车运营安全性和效率。

智能运维系统的设计初衷围绕两个核心目标,即提高运营安全和提升效率。智能运维系统通过实时监测列车的状态,能够及时发现和诊断潜在的安全隐患,有效预防事故的发生。同时,智能运维系统通过对数据的智能分析,指导维修工作和优化运营流程,显著提高了工作效率和响应速度。

智能运维系统的设计充分利用了当前的智能化和数字化技术。依靠物联网技术,实现列车运行状态的全面监控;借助大数据分析能力,从海量的运营数据中提炼出有价值的信息,以支持决策制定和问题预测;再加上预先统筹规划的故障预警模型在故障诊断和预测性维护中的应用,让系统能够实现更为精准的运维策略。

此外,设计理念还包含了对可持续发展的追求和优化用户体验的关注。随着环境保护意识的增强,智能运维系统设计着力于节能减排,通过优化运营策略和维护流程,减少能耗和材料浪费。

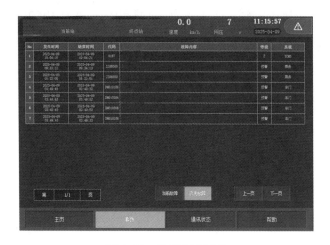

图 3.12　智能运维系统

智能运维系统的建设旨在通过集成先进的技术手段,实现对地铁运营全方位的监控、分析、维护和优化。

1. 数据收集与整合

利用传感器、摄像头和其他监测装置,在列车、轨道、信号系统和车站进行实时数据收集,能够监测列车的运行状态、轨道与信号系统的完整性、车辆载客量等关键信息。通过无线通信技术,这些数据被实时传输至智能运维服务器做进一步处理。

2. 实时监控与故障检测

智能运维系统对收集到的数据进行即时处理与分析,能够实时监控地铁的运行状况,并通过算法预测和检测潜在故障,包括列车的机械故障、电子系统异常、轨道和信号系统的问题等。早期的故障检测和预警对于防止小问题发展成大故障至关重要。

3. 维护与修理调度

依据分析结果，可以帮助技术人员制订和调整维护计划，确保及时对关键设备进行检查和修理。智能运维系统会根据设备的使用状况和历史维修记录，推荐最佳维护时间和流程，以缩小对运行的影响。同时，智能运维系统也能自动调配维修工作的优先级和资源分配，提高维修效率。

4. 性能分析与优化

利用大数据和人工智能技术，对地铁运营的各个方面进行深入的性能分析，不仅包括对当前运行状况的评估，还包括长期的趋势分析和模式识别。因此，系统可以提出关于优化运营策略、提升能效和降低运营成本的建议。

5. 安全保障

通过连续监控和评估设备故障、人为操作错误和外部威胁等各种安全风险，系统实时实施预警措施。同时，也能够生成紧急情况下的应对指引，保障乘客和员工的安全。

总之，智能运维系统为地铁运营提供了一个全面的管理框架和工具套件，不仅包括了对地铁列车状态的实时监测和健康管理，还涵盖了运营效率的优化、成本控制、乘客服务提升和安全保障等多个方面。亮点主要有：

一是利用技术进行实时数据监测和分析。通过在列车、车站、轨道以及通信系统等关键部位安装各种传感器，能够实时收集大量数据，并利用大数据技术进行处理和分析，最终通过人工智能进行故障诊断和预测、性能优化和维护计划制订。这种全面而深入的数据监测和分析能力，显著提高了地铁运行效率和安全性。

二是故障预测与智能维护。智能运维系统的另一个突出亮点是能在潜在问题发生前，即时预测并提出预警。这得益于其复杂的算法和学习机制,使得能够基于历史数据和运行趋势,准确地预测可能出现的故障和维护需求。这种预测性维护策略减少了突发故障对运营的影响,也优化了维护资源的分配和使用。

三是构建可持续的运营模式。通过优化运营计划、降低能耗、减少维护成本等措施,减少了对能源及物资的需求,同时通过减少故障和优化维护计划,降低了运营的整体成本。

四是高度可扩展性和灵活性。在设计时,智能运维系统充分考虑到了其未来的可扩展性和灵活性。随着技术的发展和城市轨道交通需求的变化,系统可集成新功能和技术,以应对更复杂的运营挑战。

智能运维系统在提升运营管理效率和乘客服务体验方面,展现了显著的综合效益。这些效益不仅体现在经济层面,更在社会层面展现了深远的影响。

在经济效益方面,依靠该系统技术人员和检修人员可多维度完成统计分析,明显减少了对人力资源的依赖;预测性维护减少了突发性故障的发生,避免了故障维修费用和因停运引起的损失;维护计划的合理安排提升了电客车的可靠性;智能分析统计减少了纸张、办公用品等资源的消耗。在社会效益方面,智能运维系统的实施提升了服务水平和运营效率,而且对社会整体带来了积极的影响。

(九)能源管理系统

能源管理系统是一种集能源计量、分析、监控和调度于一体的系统(图 3.13),通过对能源的全面管理,实现高效利用。

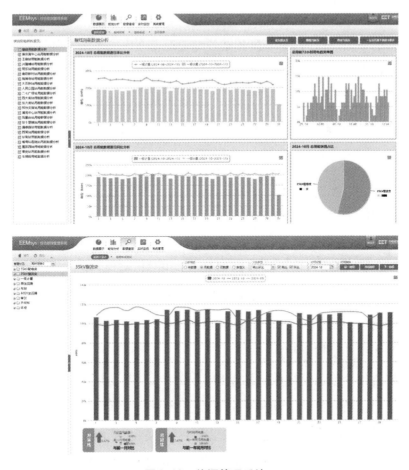

图 3.13　能源管理系统

1. 能耗数据检测功能

能源管理系统是节能管理的重要手段,通过在 35 kV 开关柜、400 V 开关柜、环控柜馈线回路均设置多功能电表,采集各回路用电数据,实现对线路能源使用参数测量、监测分析和计量管理等功能。结合系统数据采集及计算结果,进一步深入开展节能分析,发现异常数据及时介入。优化正线环控系统分类统计方法,可分为大系统、小系统、隧道通风系统和其他四类,实现了环控能耗精确分析,便于后续对设备进行精细化管理,助力节能降耗。利用能源管理系统,对全线各站各专业能耗变化情况进行"定期一统计、每月一分析"。根据数据分析,探究能耗变化或者数据异常的原因。同时,对全线各站各专业设备在不同季节、不同工况条件下的能耗表现进行分析,针对不同车站、设备用能情况制定精细化技术和管理措施,逐步实现车站级、系统级、设备级量化管理。此外,针对设备工况变化,初期实施"日能耗"管控,后续实施"周能耗"管控,定时监测能耗数据。

2. 再生回馈检测功能

实时检测牵引网侧电压和电流,准确判断车辆的牵引/制动工况,在车辆制动时,直流接触网电压升高,超过装置回馈启动阈值时,装置回馈运行,将再生制动产生的能量回馈到交流电网,实现再生能量的节约利用,同时确保列车电制动的充分发挥,减少闸瓦制动的次数,并保持直流牵引网的电压稳定,避免对车辆和供电设备造成影响和损坏。

3. 无功补偿检测功能

根据指令输出感性或容性无功,当处于无功补偿模式时,再生电能回馈系统自动断开控制启动柜中的直流主接触器,将牵引网与成套变流装置隔离开,确保牵引网对成套变流装置运行不产生影响;逆变回馈和无功补偿模式可在就地和远程(设备本体和变电所电力监控后台控制)之间切换,运行模式能够自动控制和人工手动控制。

能源管理系统技术特点在于:一是数据采集和监控,实时采集系统的运行信息,如系统运行状态、直流电压、交流电压、交流电流等,对数据进行相关处理,根据设定参数进行报警并更新后台监控系统数据库。二是远程监控提高了安全性,实现了实时数据上传至后台,操作人员可以实时查看相关监测数据信息。三是快速定位有助于故障分析,可实现存储事故发生前20个采样点和事故发生后 20 个采样点的主要参数及数据采样值,每个采样周期为 1 s,便于发生故障时进行故障分析。四是在线调节提高了工作效率,实现了能馈系统启动电压门槛在线调节,减少了系统停机运行操作,提高了设备运行效率。五是稳定网压提高了供电可靠性,当检测列车到站刹车制动时,立即进入能量回馈模式,将能量回馈至中压交流供电网,快速稳定直流牵引网压,提高了直流牵引供电系统可靠性,有效推动绿色地铁发展。六是多功能结合探索差异化设定,合理利用事故追忆和相关量记录,深挖设备性能模式,监测每站点电客车制动能量产生时电压波形,量化分析再生制动能量逆变回馈装置的节能效果,同时研究对全线再生制动能量逆变回馈装置运行参数进行差异化设置,探索"一站一值"电压启动门槛,提高设备利用率,实现回馈电量最大化。七是分时管控提高了设备利用率,结合地铁运营特性及季节等因素影响,在夜间停运后,功率因数偏低,出现了容性无功返送的现象。因此,运营时间段设备执行再生能馈模式,回馈列车进站刹车时产生制动能量,非运营时间段可根据线路特性自动转换为无功补偿模式。八是提高了作业效率与质量,取代了现场人员逐站、逐表抄录数据的模式,可直接采集数据并形成报表,减少人员工作量,降低因时间差、抄录错误等导致数据异常的概率。

自 2021 年设备运行以来,项目共计回馈电量 1126 万 kW·h,已节省电费 698 万元,每站点设备成本 127.4 万元,目前已回收 5 所站点设备投资成本。根据线路运营情况,共有 7 座站点每天 0:00 至 5:00 自动转换为无功补偿模式,设定输出无功功率–1000 kW,降低了线路损耗,提高了线网供电功率因数,每年可节省电费 13 万元,实现了优化设备管理方式、提高经济效益的目标。

二、绿色运营:实践节能新技术

2022 年 8 月,中国城市轨道交通协会发布《中国城市轨道交通绿色城轨发展行动方案》,提出了绿色城轨建设的指导思想,阐述了绿色城轨的内涵标志,描绘了绿色城轨的发展蓝图,明确了"三步走"的发展战略,提出了重点实施"绿色规划先行行动、节能降碳增效行动、出行占比提升行动、绿色能源替代行动、绿色装备制造行动、全面绿色转型行动"

六大绿色城轨行动,确保如期实现碳达峰碳中和目标。

交通运输作为国民经济的基础性、先导性和战略性产业,不仅是重要的服务行业,同时也是能源消耗大户和碳排放的重要来源。在"双碳"目标的引领下,城市轨道交通因其高效、低排放的特点,成为推动城市交通领域节能减排的关键力量。

运营能耗主要是指城轨运营企业用于生产、生活及办公所消耗的能源,能耗来源主要包括电力、燃气、燃油、热力等,其中电力能耗是城市轨道交通运营过程中的主要能耗。

根据使用场景的不同,城市轨道交通行业运营的用能分成列车用能、车站用能及车辆基地用能。其中列车用能重点为电力,主要用于列车牵引、列车辅助系统等方面;车站用能重点亦为电力,主要用于通风空调系统、电扶梯系统、动力照明系统、资源开发等方面;车辆基地用能包含电力、燃气、燃油等,主要用于维护维修、生产办公等方面。

我们全面贯彻国家"双碳"战略部署,明确"借助科技力量,提升本质节能"的工作思路,技术创新和管理创新双轮驱动,有效降低运营能耗,提升绿色出行比例。从牵引供电、车站通风空调、低压照明、运行图调整等多方面入手,最大限度地降低能源消耗,打造低碳运行的轨道交通;同时,通过分时段优惠政策等多种措施,提升客流量,降低乘客人均能耗。

2023 年,运营能耗构成中(图 3.14),最高的是正线动力照明能耗,占比 48.00%;其次是牵引能耗,占比 40.85%;资源开发能耗占比 6.96%;段场动力照明能耗占比 4.19%。

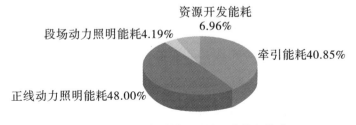

图 3.14　2023 年地铁 3 号线运营能耗构成

自 2021 年起,列车牵引能耗、车站日均动力照明能耗、车辆段日均动力照明能耗整体呈逐年下降趋势。2023 年,车公里牵引能耗 1.45 kW · h,车站日均动力照明能耗 3901.93 kW · h,车辆段日均动力照明能耗 7590.93 kW · h,均低于同地区 A 型车的各项指标,尤其是列车牵引能耗在行业同等条件线路中位居前列。2021—2023 年各项能耗统计情况见图 3.15。

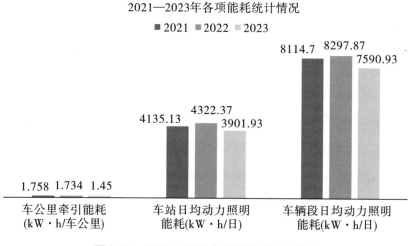

图 3.15　2021—2023 年各项能耗统计情况

(一)列车牵引节能举措

通常,城市轨道交通线网用电能耗占比最大的部分是列车牵引能耗,为 30% ~ 40%,这与车辆选型、行车密度、设备性能等多种因素相关。

据不完全统计,2023 年,全国城市轨道交通总电能耗 249.77 亿 kW · h,同比增长 9.59%。其中,牵引能耗 129.34 亿 kW · h,占总电能耗的比例为 51.79%,同比增长 14.31%。随着新投运线路的不断增加,总体能耗指标不断增长,总电能耗和牵引能耗均达历史最高。

2021—2023 年,地铁 3 号线列车牵引能耗指标完成值呈现逐年下降趋势(图 3.16),并且在行业同等条件线路中位居前列。下面将介绍所采取的节能举措。

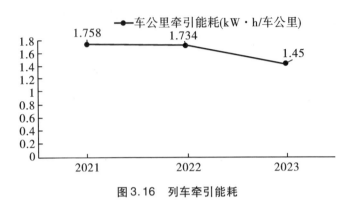

图 3.16   列车牵引能耗

1. 节能运行方面

运输能力设置方面以满足乘客需求为目标,结合客流在空间、时间上的分布特点,实时精准运力投放,并在满足客流需求条件下考虑运输成本。通过对站、线、网的能力评估后,结合客流实时变化情况,在客流拥挤瓶颈处,通过增加列车上线、临时调整列车折返点等方式,将运力及时精准投放至需要的拥挤区段。

(1)减少空载行驶

实施"省体育中心站备车夜间不回厂"。在贾鲁河停车场不启用的前提下,结合线路运行图及实际运作情况,每周一、周二、周三、周四,OCC组织省体育中心站备车夜间不回厂;每周五、周六、周日以及法定节假日,OCC 组织省体育中心站夜间不备车。利用早高峰换车窗口期,同时根据生产需求、分时段执行等特点,实施周一仅晚间换车,周二、周三、周四早晚均换车,周五仅早间换车的措施。通过减少备车回厂,有力解决了省体育中心站备车检修、备车激活、备车组织等一系列问题,促进了公司各专业检修、故障处置、生产运作调整等综合业务的提升及优化,同时实现节能降耗。经测算,每年可节能约 10 万 kW·h。

（2）探索降低牵引能耗路径

探索优化运行图实现节能，对运行图发车时刻、站停时间、折返时间等参数进行优化，实现降低牵引用电，提升再生电能利用率以达到节能的目的。为此我们展开了节能运行图测试、优化 ATO 运行曲线、信号系统节能等工作。

节能运行图研究。通过分析列车牵引能耗影响因素，编制了 4 版运行图，进行了牵引能耗测试。为提高列车制动再生能量的利用率，编制了《G03013-1 列车运行图》。通过调整平峰时段同一车站上下行列车到发站时刻，在《G03013-1 列车运行图》基础上，将部分上行列车发车时间提早约 60 s，使列车制动返送至接触网的能量被对侧牵引时段列车更高效地吸收。

综合考虑客流强度、电客车司机作业时间等因素，又编制了《G03013-2 列车运行图》。通过调整部分车站列车停站时间，上行停站时间增加 35 s，旅行速度由 34.93 km/h 降为 34.56 km/h；下行停站时间增加 25 s，旅行速度由 34.29 km/h 降为 34.03 km/h，省体育中心站与滨河新城南站折返时间共减少 60 s，达到降低列车速度的效果，也使列车实际运行曲线与运行图匹配度更高。

结合各牵引所再生能馈装置工作时间及电量回馈情况，对《G03013-1 列车运行图》的列车到发时刻做进一步精准调整，在《G03013 列车运行图》的基础上，调整平峰期列车到站与发车时机，形成《G03013-3 列车运行图》。结果表明，调整后平峰期上行列车较原来提早 45 s 发车。

通过测试结果对比，融合了《G03013-2 列车运行图》《G03013-3 列车运行图》调整因素，上行停站时间增加，旅行速度下降；下行停站时间增加，旅行速度下降；折返站时间有效减少；平峰期列车可提早发车。

根据牵引能耗测试数据可得出，通过优化调整上下行列车到发车时间，再生回馈电量回馈比例下降，提高了列车制动产生的再生能量的利用率，减少了电量损耗，降低了牵引能耗。但是，通过调整列车停站时间，牵引能耗变化不明显,列车辅助能耗无明显变化。

为进一步推进节能运行图编制,优化运力资源配置,实现列车牵引能耗最小化,我们启动开发智能运行图。综合运用机器学习、系统仿真及随机优化等技术,将列车实际运行时刻表、车辆牵引力、行驶速度及电压值、电流值、列车运行计划图、线路基本状况、客流数据等信息导入并自动处理,考虑多列车协同节能优化策略,智能编制和调整地铁列车运行图。自动生成的智能化运行图可根据列车实际运行工况,动态调整列车到发站时刻,旨在提升邻车能馈吸收率,节能率达到3%~10%。

优化 ATO 列车运行曲线。地铁列车驾驶多采用 ATO 自动驾驶模式,当 ATO 模式控车时,车载信号系统将自动控制列车的牵引、惰行和制动,各工况占比直接影响着能耗水平。基于此,分别在牵引加速阶段增加了限制牵引的门限值、在巡航阶段可自由调整节能算法的惰行门限差值、在即将进入制动阶段时增加是否需要二次牵引的门限判断值。通过以上阶段的 3 个不同门限值的设定,与原有区间不同的最高推荐速度来共同确定 ATO 的区间运行等级,然后进行单车、多车的牵引能耗和再生制动能量利用的仿真计算及验证,从而生成以节能为目标的 ATO 控制策略。在同一个区间、相同的运行时间,通过设置 4 个不同的门限值参数,从而调试出最优的 ATO 节能效果。

其技术特点主要表现在:ATO 节能控车功能,通过数据实验得出基于最佳门限值的控车策略,实现最少的牵引输出。ATS 判断当前列车所在区间运行等级,并通过 ATS-ATO 通信接口下发至列车 ATO,随后 ATO 根据 ATS 下发的节能运行等级命令,变更为对应等级,执行对应等级的节能处理。人工设置运行等级功能,人工通过 ATS 调度界面以区间为单位设置区间的运行等级;设置后,ATS 将不会自动计算每列车在该区间的运行等级,优先将人工设置的运行等级下发至列车。

为提高乘客服务质量、实现节能降耗,我们调研了其他地铁线路、两个信号厂家,对比了旅行速度、技术速度、惰行时间等数据,发现当原运行等级为"2"时,3 号线技术速度最高为 47.58 km/h,旅行速度最高为 35.52 km/h;当调整运行等级为"4"后,技术速度为 45.12 km/h,旅行速度为 34.62 km/h。通过将运行等级 2 调整为运行等级 4,降低了旅行速度、技术速度,减少了牵引、制动次数,增加了惰行时间,百车公里牵引能耗同比下降 16.39%。随着旅行速度的下降,与此伴生的效果有:减少了钢轨磨耗,降低了列车噪声,有利于提高停车精度和乘车舒适度。

为进一步挖掘运行速度方面的节能潜力,在信号系统预设的 4 个运行等级以外,研究建立新的运行等级模式。通过对不同区间的站间距、允许最高速度、技术速度等条件进行分析研究,确定每个区间的最优技术速度,使线路增加新的运行等级,能够在不同的行车需求下,实现较高的旅行速度以及较低的能耗。

信号系统节能措施。对于城市轨道交通信号系统,通过 ATS 和 ATO 子系统配合实现信号系统的节能控制,实现列车惰行时间最大化,降低牵引能耗。要想降低列车运行能耗,可以从降低牵引能耗和减少辅助设备能耗角度两方面出发,达到总体节能的效果。

优化列车运行时刻表设计,在设计时刻表过程中,考虑节能因素,在满足服务质量的同时,减少服务列车数量,同时为列车节能驾驶留出余量;充分利用再生能馈,需要协调列车的进、出站,以使制动列车产生的再生能量为牵引列车利用;时刻表的动态调整,根据客流情况及服务质量需求,动态调整时刻表,提高满载率、减少空驶,提高能量利用效率;采用节能的自动驾驶控制,通过优化的驾驶策略,充分利用站间线路特点和计划运行时间,减少不必要的牵引,降低能耗。

信号系统节能的技术原理:

一是 ATS 子系统节能控制。ATS 子系统作为行车指挥环节,在列车节能方面发挥重要作用。基于正线列车运营情况,在不降低服务质量的前提下,可以根据运行间隔与旅行速度要求,制定符合节能要求的运行图。

ATS 子系统实现提供不同站间运行等级调整的功能,通过对不同运行等级进行调整优化可实现牵引节能的控制(图 3.17)。当列车在区间运行时,反复的牵引制动会导致耗电量远大于经常处于惰行状态下的列车,为了使列车在站间的运行能够充分地惰行以提高节能指标,在非高峰时段运行时间和旅行速度满足的情况下,ATS 根据运行图输出较低等级站间计划运行时间指令,通过增加惰行时间实现节能;在高峰时段,ATS 根据运行图给出较高等级站间计划运行时间指令,通过提高旅行速度增大运力。

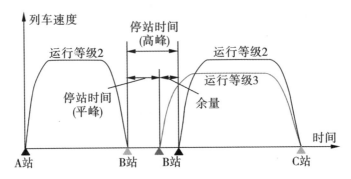

图 3.17　不同站间运行等级调整

除对运行图的节能处理外,当列车在站间的运行过程中,若列车早于图定运行时刻,ATS 可采用节能的指令来调整站间运行级别,系统在自动调整列车按运行图运行过程中能够同时实现节能的效果。并非所有的站间都按照最高速运行,运行时间都通过站停时间来调整。列车运行等级示意图见图 3.18。

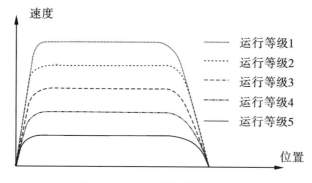

图 3.18 列车运行等级示意图

ATS 子系统能对高峰和非高峰运营时段的列车运行实施不同的能源优化运行方案,非高峰运营时段在不降低服务质量的前提下,采用节能运行等级曲线控制列车运行和保证乘客的舒适度。

二是 ATO 子系统节能控制。信号车载系统中 ATO 子系统直接参与列车自动控制,能够保证 ATS 子系统下发的时刻表的准确实施。ATO 子系统在 ATP 子系统的防护下根据接收到的列车移动授权及节能运行等级,计算得到最节能的自动驾驶策略,控制列车按目标曲线的区间走行分段行车,自动完成对列车的启动、加速、巡航、惰行、减速和停车的合理控制,保证列车运行的准点、精确、舒适与节能。

ATO 子系统由多目标运行规划单元和自动驾驶控制单元构成。多目标运行规划单元根据时刻表信息、线路信息、车辆信息及列车的运行数据,通过执行多目标优化算法,规划出满足舒适、准点约束的节能运行目标速度曲线。自动驾驶控制单元可实现对规划曲线的准确跟踪。通过实时规划和精确控制,实现节能驾驶。双层式组合控制示意见图 3.19。

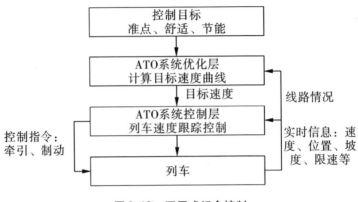

图 3.19 双层式组合控制

对于线路信息和车辆信息,ATO 子系统通过查询数据库中记录的坡度、曲率、加速度、制动率等相关参数计算出补偿值,对当前实际速度与目标速度的差值计算出的输出指令进行补偿,以使实际速度能在不同的线路与车辆工况下,精确地输出相应的牵引与制动力,实现对目标速度的跟踪。而目标速度已经通过多目标优化出了满足舒适、准点和节能的目标曲线,所以跟踪目标速度即可实现给定站间运行级别的节能运行。

对于时刻表信息的处理,ATO 子系统可在站间运行级别发生变化时实现相应的节能处理。ATS 根据时刻表计算出下一站间的目标运行级别(此级别根据列车运行与时刻表偏离情况可在每站进行调整),ATO 子系统接收到 ATS 的站间运行级别指令,调整自身的控制策略,在保证站间运行准点的基础上,主要通过增加惰行工况来实现节能控制。在针对节能进行工况调整的同时,ATO 会综合考虑站间运行时间、停车精度、运行舒适度的相关指标综合计算出最优的速度曲线与相应的惰行时机和惰行门限。ATO 子系统通过计算速度曲线并控制列车按照该速度曲线及惰行时机、门限采取相应的牵引、制动措施,实现最优控制。

在实现节能控制的同时,车载信号系统中的 ATO 子系统还解决了跟踪精度与控制切换频繁程度的矛盾。通过车辆自身响应时间的特征值,ATO 会屏蔽不满足车辆响应时间宽度的指令,通过长脉冲指令等效短脉冲指令实现控制效果。在控制精度满足要求的情况下,尽可能降低牵引制动的切换频度,以提高节能效率并降低设备损耗。

自信号系统节能工作实施以来,牵引能耗逐年下降,2021 年牵引能耗1.758 kW·h/车公里,2022 年牵引能耗 1.734 kW·h/车公里,2023 年牵引能耗1.45 kW·h/车公里。

2. 电客车节能

从牵引能耗和辅助能耗两方面入手,其中牵引能耗主要着眼于优化电空制动转换,辅助能耗则从冷热备、照明、空调、PIS 系统等多方面予以实现。

优化电空制动转换。电客车的制动系统采用空气制动与电制动混合的形式。电制动由牵引系统完成,在接收到制动指令后,列车牵引电机从电动机状态转换为发电机状态,将机械能转换为电能输出并产生制动力。空气制动是依靠压缩空气推动闸瓦,作用在制动盘或轮对上,并依靠机械摩擦产生制动力。

电空制动转换模式主要有固定点退出、浮动点退出、电制动到“0”三种,均在车辆的 DCU、EGWM、BCU 软件中设置,确定了固定点退出模式。根据线路型式试验数据,确定电空制动转换参数为:电空转换点 6 km/h,延时时间 500 ms,电制动退出斜率 1 m/s^3;该参数可保证在最大常用制动级位下,制动力波动小于15%。因阶段性的冲欠标等问题,通过对软件进行升级,将电空制动转换模式修改为浮动点,不再固定电空转换的起始点,仅固定电空转换的结束速度为 1.5 m/s^3。调整浮动点电空转换新参数,电制动完全退出点 1.5 km/h,延时时间 550 ms。与固定点相比,浮动点软件能使车辆在电空转换过程中的制动力更加稳定,同时再生制动时长增加,再生能馈电量增加。

回厂电客车热备转冷备模式。依据执行的运行图时刻表及发车单,对早晚高峰电客车回厂完成检修后,由原来的热备状态调整为冷备状态;夜间回厂列车一律转为冷备状态,在次日 4 点开始激活列车。上述措施在工作日及非工作日均予以实施,降低了电客车库内热备能耗,继而降低了列车牵引辅助能耗,减缓了电子设备长时间带载工作所致的寿命衰减。经测试,每列车日均节能 255.6 kW·h。

电客车设置照度自动增益功能。客室照明系统具有智能亮度调节功能,可根据环境亮度调节灯具亮度,而保持车厢内照度值不变,实现节能目的。在额定电压下,车厢内的照度均匀,在车内离地板面高 800 mm 处测量任何点的照明强度高于 250 lx。紧急照明时,在离地板面高 800 mm 处测量任何点的照明强度不小于 100 lx,在质保期结束时测试灯具的相关照明强度应达到技术条件所规定数值的 95%。

控制电路主要由光感应器和调光控制器组成。光感应器检测客室内照度,将测得的照度值通过模拟量输入接口上传调光控制器。调光控制器利用客室内照度,结合客室内照度要求,产生调光控制信号——PWM 控制信号,输出至客室照明灯具,控制灯具输出功率,调节 LED 灯具亮度,使客室内照度达到预设值。

客室照明控制方案由硬件和软件两部分组成。硬件主要用于采集客室照度,输出 PWM 控制信号,调节 LED 灯具亮度。软件主要功能是将采集到的客室照度值与预设值进行比较,结合车辆提供的应急信号等相关逻辑状态信号,综合运算处理,输出 PWM 控制信号占空比。

客室照明系统通过光感应器采集客室内照度,上传至调光控制器。调光控制器收到照度数据后进行计算处理,并根据车辆输入状态信号,PWM 控制信号给灯具驱动器;灯具驱动器内置 MOS 管,通过接收电路将 PWM 控制信号转化成可以调节 MOS 管的驱动信号。调光控制器可通过输出的 PWM 控制信号的占空比大小(0%~100%)调节 MOS 管开关状态,从而调节灯具驱动器的输出电压,进而控制 LED 灯具光源亮灭,实现灯具亮度自适应调节。

当客室内照度大于设定值时,调光控制器通过软件调整 PWM 控制信号占空比。在不改变 PWM 方波周期的前提下,减小输出的 PWM 控制信号占空比,使 MOS 管截止时间在整个周期中所占的比例增大,灯具驱动器输出功率降低,LED 灯具亮度就会变暗。当客室内照度小于设定值时,调光控制器通过软件调整 PWM 控制信号占空比,增大输出的 PWM 控制信号占空比,使 MOS 管导通时间在整个周期内所占的比例增大,灯具驱动器输出功率升高,LED 灯具亮度就会变亮。通过调光控制器自动控制客室照明,使客室内照度恒定。在电客车司机室操纵台上设置控制按钮,用于输出调光控制器的控制使能信号,控制客室照明系统控制电路的接通或关断。控制按钮配置手动、自动、关闭三个挡位。当控制按钮处于手动挡位时,客室照明系统控制功能关闭,照明灯具以设定的额定功率工作;当控制按钮处于自动挡位时,客室照明系统控制功能开启,照明灯具根据客室内光强自动调节亮度;当控制按钮处于关闭挡位时,客室照明灯具全部关闭。

通过此项功能实现客室亮度的自动调节,在车辆段和隧道内不同的外界环境亮度下,保证客室的亮度稳定在要求值,有效延长客室灯具的使用寿命,实现节能降耗。

车辆 PIS 系统节能措施。通过对所有列车车载 PIS 系统软件升级,实现在库内热备及正线热备时,PIS 系统中显示屏、语音播报等设备进入休眠模式,降低列车辅助能耗,包括在正线及库内备车、空车运行等情形下。经理论测算,每列车每日可节省电量为 13.44 kW·h,每年节电 4.87 万 kW·h。

空调系统节能措施。采用闭环的环境控制,通过在通风、空调控制中引入传感器,可以根据车厢重量(人数)、空气质量(二氧化碳浓度)、温度等信息,自动调节通风、空调,实现精确控制,达到节能效果的最大化。

规范非载客列车照明与空调开启时间,对每列车出厂前、入厂后照明与空调开启时间共缩减约 1 h,经计算,2023 年上半年共缩减约 4110 h,节约能耗约 11.75 万 kW·h。

（二）车站动力照明节能举措

车站动力照明包括动力和照明两部分,其中动力能耗主要是车站设备用电,包含环控系统设备、电扶梯、站台门、通信设备等。动力能耗约占总能耗的30%～40%。照明系统是维持地铁正常运行的重要组成部分,主要含车站设备房、管理用房、公共区、区间照明。通过不断优化环控模式、优化自动扶梯投用时段、环控系统运行时长、风水联动系统等措施,降低空调通风能耗;通过规范车站照明管理、物联网智慧照明的研究、隧道照明智能控制等措施,提高灯具照明效率,减少照明用电量。截至目前,车站动力照明能耗呈下降趋势(图3.20),取得了可喜的成绩。

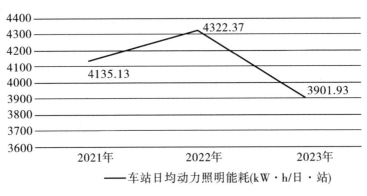

图3.20　车站动力照明能耗

1. 车站动力用电节能

自动扶梯节能方面,主要研究了自动扶梯参数调整及投用时段优化、人走梯停等内容。

自动扶梯参数调整及投用时段优化:在保障自动扶梯设备使用安全的前提下,优化自动扶梯相应的乘客感应距离,缩小感应范围,减少自动扶梯被误感应启动运行的概率,缩短乘客离开自动扶梯后的运行时长等参数,从而实现自动扶梯节能。经计算,平均每梯每年节电约1083 kW·h。

环控系统运行时长优化。根据隧道温湿度状态,隧道风机开启频次由每周三次调整为两周一次;在满足人员卫生标准的前提下,人员管理用房、冷水机房、空调机房、备品间等房间的环控小系统设备运行时长由24 h调整为12 h;根据设备实际使用时长,再生能馈设备房环控小系统运行时长由24 h调整为21.5 h。经统计当月能耗数据,月度可节电约15.5万 kW·h。

冷水机组运行优化。在环控系统运行时长优化的前提下,继而对车站冷水机组运行进行了调整优化。具体措施有:调整冷水机组的出水温度,由原来的7 ℃调整为10 ℃,避免因过冷造成能源浪费;对冷水机组换热器清洗、冷却塔季中清理、季中空调水质监测以保障空调水质,全面提升换热效率;实时监测热负荷处理需求,适时开启冷水机组。通过以上措施,提高了冷水机组整体使用效率,大大降低了冷水机组能耗。经统计,每空调季可节电约99万 kW·h。

车站风水联动节能控制系统。为改善空调水系统控制单一、智能化程度低、易出现环境温湿度波动大、节能效果差、乘客体验差等问题,引入风水联动节能控制系统,在提升车站空调控制智能化的同时,达到节能效果。本系统采用可预测负荷变化手段、智能调节机组运行状态,提高了车站的智慧化管理水平;在实践过程中,利用现有的 BAS 系统及冷源群控系统数据接口和各类型传感器等硬件设施,实现了风系统与水系统统一调控、智能耦合的功能。主要技术特点在于:

一是温湿度监控。温湿度是车站内重要的监控指标,实时数据通过传感器采集至系统内,由系统对数据存储,并对现有数据及历史数据对比分析,辅以图表进行直观展现。

二是人流量监控。通过人流量摄像头采集数据,上传至系统内存储;系统根据实时客流量,预估站内人员情况、站内热湿负荷,自动对环境变化预判,调节环控设备运行参数。

三是环控系统管理。系统配备车站环控系统管理模块,并对模块进行管理和监控。环控系统管理模块分为监控和管理两大功能,监控模块负责监控末端设备的运行情况、健康状况、故障报警等内容,管理模块提供车站环控系统的统一调配管理。

四是智能数据决策平台。通过收集到的设备运行数据、传感器数据、自然数据等,统一分析处理,智能数据决策平台计算最优设备运行参数,并下发至设备末端,时时反馈调整,优化环控系统设备高效运行。

风系统和水系统的联动控制功能,根据不同的时间点、客流量、外界天气状况等因素自动调控设备运行参数,避免了人工手动调整控制单一、调整工作量大、调整效果滞后的弊端,有效降低了人力成本;实现联动调控策略,解决了风系统、水系统独立运行,无法耦合的影响;通过智能化软件调控、数据通信采集处理,实现了风系统、水系统无缝衔接,达到了最优节能运行工况;根据历史数据自学习及优化,系统可抓取同时期历史数据、相似天气温度运行记录,对现有系统优化再学习;根据车站运行模型,将车站细分为早高峰前、早高峰、上午平峰期、下午平峰期、晚高峰、晚间平峰期、晚间低峰期、停运期八个时间段,根据不同的时间段,嵌入不同的运行逻辑及策略。

剔除非节能条件下的测试数据,测试期间节能约 1.14 万 kW·h,整体节能率约 21.74%。在风机运行 40~50 Hz 浮动频率时,执行风水联动模式比常规模式节约能耗 15.48%;在风机运行固定 25 Hz 浮动频率时,执行风水联动模式比常规模式节约能耗 21.74%;在风机运行固定 50 Hz 浮动频率时,执行风水联动模式节约能耗 59.93%;综合工况下,执行风水联动模式比常规模式节约能耗 31.58%。

过渡季节通风系统模式优化。车站通风空调系统主要由通风系统和冷源系统两部分组成,非空调季不开启冷源。根据历史监测数据,公共区在过渡季执行通风工况时,站内空气质量满足且高于设计标准。

大系统在车站 A、B 两端分别设置一套送排风系统,各承担一半的公共区通风功能。在过渡季车站大系统通风执行全送全排模式,即车站两端的送、排风机全部投入运行。非空调季执行通风工况时,采用单侧送排模式,根据车站出入口位置情况,将大系统设备一端关闭、另一端开启,在满足站内通风换气的情况下,减少一半大系统风机设备的运行。根据实测数据,试点车站环控大系统的日均能耗环比下降 48.71%,同比下降 55.32%,成效较为显著。

车站空调多联机管理。在空调季,如未接到中央空调系统故障通知,不得开启空调多联机系统;若发生故障需要开启时,温度设置不得低于 26 ℃;若中央空调系统正常开启,但房间温度超过 28 ℃时,将冗余空调多联机打开,温度设置不得低于 26 ℃。在冬季,空调多联机系统室内空调温度设置不得高于 20 ℃。在过渡季、夏季,室内空调温度设置不得低于 26 ℃。除过渡季、冬季及其他特殊情况外,其余时间段内均不开启空调多联机。各房间温度及状态均在综合监控系统中显示,设备专业工程师对设备用房内温度进行动态跟踪与反馈,保证室内温度降至设计及规范要求。

车站 PIS 设备节能控制。全线车站 PIS 设备增加定时开关机,替代人工手动操作。通过系统软件升级、加装播控设备、光发设备等手段,在运营结束后,控制中心网管设备自动向各车站时序电源控制器发送设备断电指令,时序电源控制对负载的 LCD 显示屏依次断电;在运营开始前,网管设备自动向各车站时序电源控制器发送设备送电指令,时序电源控制对负载的 LCD 显示屏依次送电,实现 PIS 设备的定时开关机,较人工开关机可每天节约 40 min,相应停运后 PIS 播控设备关机时间可延长 40 min。非运营时间对 PIS 屏、播放控制器等设备关机,关机时间约 4 h,每年可节电约 4.6 万 kW·h。

2. 车站照明节能

规范照明用电管理。为从源头实现节能降耗,全线采用 LED 照明灯具,并采用智能照明控制,LED 灯具在同等照度下较荧光灯节约用电 50% 以上;通过智能照明控制,根据需求按照时间表自动匹配各照明工况。在实践中优化工况和控制模式之间的匹配,组织各相关专业,通过实地勘察、现场交流等方式,结合车站设备区照明的运营需求,划分各部门管理界面,明确各区域控制模式,在满足照明需求的前提下实现节能效果的提升。

车站设备区照明管理。设备区通道包含疏散通道、疏散楼梯间。遵循"隔一开一"的管理原则,在转角或其他特殊地方结合现场需求保持照明开启。如照明开关未安装于门口处,人员离开时开启一组应急照明。对于设备区有基坑或孔洞等情况,为防止人员进入后造成伤害,人员离开时开启一组应急照明。进入办公用房或辅助用房后,人员根据需要开启部分或者全部照明,离开时关闭所有照明。针对无监控的设备用房,人员进入后根据需要开启部分或者全部照明,离开房间时关闭所有照明;针对有监控的设备用房,监控范围内的主要区域照明保持常亮,人员进入后根据需要另行开启其他照明。

车站出入口飞顶照明改造。从设计、施工、照明系统运行模式等各方面入手,着手排查飞顶照明日间常亮的根本原因,在保证飞顶照明满足运营需求的同时,降低电能消耗。针对车站出入口飞顶照明白天运营期间常亮无法关闭问题,通过加装时控开关,实现自动控制功能。具体来说,在飞顶照明回路中,加装正泰 NKG3 型时控开关,可编程回路 16 开16 关程序,内部电源采用充电电池供电,时钟、设置数据不会丢失,实现飞顶照明在日间关闭、夜间开启。同时具备手动开、手动关及自动开关等多种工作方式,实现与车站智能照明控制同步。改造前,飞顶照明全天工作 19 h,调整后全天工作 9 h,预计每个出入口可节约 2.4 kW·h,全线每天可节约 108 kW·h。

综合监控照明模式优化。针对照明配电箱无法实现自动控制的设计缺陷,在不增加费用的前提下,通过优化改进综合监控系统中照明控制程序,照明模式实现按时间表自动控制。具体优化措施:在各车站综合监控系统"模式控制表"页面,新增"照明系统"按钮及相应图元页面;同时在控制中心"时间表"页面,增加照明模式时间控制表,可精确自定义时间并自动控制照明配电箱开启/关闭,照明系统实现时间表模式自动控制功能。

与原照明系统手动控制相比,优化改进后具备以下优点:一是减少车站人员工作量,无须车站人员每日手动开启/关闭,由综合监控时间表自定义设置时间,每日自动控制执行开启/关闭;二是时间控制更加精准,自定义时间精确到分,避免人工操作造成时间控制的不确定性;三是管理灵活性强,可根据各车站实际需求,自定义开关时间,并根据时刻表实时变更自动开启/关闭时间;四是无须增加投资,技术人员可随时设置参数,节省了软件升级费用,且无须增加任何设备,不增加资金投入;五是节能降本效果明显,在实现节能降耗的同时,每站每年可节约6200元左右。

物联网智慧照明系统。车站公共区域照明时长约为18.5 h,根据车站客流监视图及统计数据,分析得出车站通道、站厅、站台等部分区域平峰阶段照明处于闲置状态。运行照明灯具长时间工作存在以下三个弊端:一是电能资源浪费,照明灯具设备数量大,运行功率高,存在无效照明,产生电能浪费,如站台公共区无人时,灯具依然满功率运行;车站艺术灯存在照度过高,如西大街站艺术灯照度达到400~600 lx,同乐站艺术灯达到1000~1400 lx。二是增加维修成本,照明灯具常亮,长期满功率运行会加剧老化速度,降低灯具使用寿命,维修更换频繁,增加人力成本和维护成本。三是整体感观差,车站照明灯具分布不均匀,且部分区域照度不足,影响车站整体照明效果。

物联网智慧照明系统以LED智能灯具为硬件载体,通过接入多种类型传感器与灯具进行无线通信自组网和集群控制,组成可以精准高效服务于各类场景的照明控制系统,根据传感器采集的数据,自动调节灯光的亮度,实现"人来灯亮,人走灯暗",达到照明亮度,满足乘客乘车需求。

物联网智慧照明系统原理见图3.21。

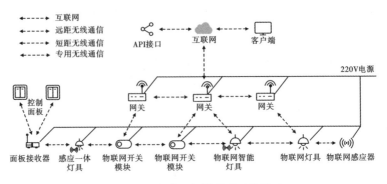

图 3.21　物联网智慧照明系统原理

原车站站台层与站厅层照明设备为 30 W 的 1100 mm×200 mm 的 LED 面板灯,设备区为 15 W 的 T8 灯管,升级照明灯为物联网智慧灯具。将现有 LED 面板灯电源替换为智能调光电源,将现有 T8 灯管替换为智能 T8 灯管。同时,LED 面板灯配置红外或雷达感应器,通过监测人员活动情况,动态调整灯具亮度,实现节能降耗。针对应急照明,将现有应急照明 LED 面板灯电源替换为智能调光电源;改造时应急灯具配置市电监测器,应急情况下,市电监测器检测到正常照明回路停电,则应急灯具自动切换至 100% 常亮状态,保证区域照明安全性。

经智慧照明改造后,在车站站厅、站台的设备区和公共区设置不同场景、不同亮度,智能灯管通过感应人员的相对运动自动调整照明亮度,可做到"人来灯亮,人走灯暗",即在人到达前,灯具提前区域化点亮;在人离开后,灯具自动降低至最低亮度,实现电尽其用。

选取客流量较少的西大街站和客流量较多的同乐站作为试点,改造此两站站台层照明和西大街站设备区走廊照明。

灯具调整策略主要有:一是高峰时段人流量较大,灯具以较高亮度运行,即西大街站面板灯以 30% 亮度运行,景观灯以 20% 亮度运行;同乐站面板灯以 50% 亮度运行,景观灯以 10% 亮度运行。二是平峰时段人流量较小,灯具根据人流量自动调整亮度,即西大街站面板灯无人时 15% 亮度、有人时 30% 亮度,景观灯无人时 10% 亮度、有人时 20% 亮度;同乐站面板灯无人时 20% 亮度、有人时 50% 亮度,景观灯无人时 5% 亮度、有人时 10% 亮度。三是停运检修时段,灯具设定为熄灭模式,以 0% 的亮度运行。

经测试灯具运行时间与功率,我们得到以下数据:

西大街站台区域面板灯共计 104 盏、景观灯 8 组,每年电费约为 2 万元。改造后,全站综合节电率达 65%,年度节约电费约 1.4 万元。

同乐站站台区域面板灯共计 184 盏、景观灯 8 组,每年电费约为 2.7 万元。改造后,全站综合节电率达 66%,年度节约电费约 1.8 万元。

区间隧道照明节能。区间隧道照明是为保障乘客安全和提升驾驶瞭望效果而设置,运营期间保持常亮,因其控制单一引发高能耗。隧道照明由双回路的应急照明组成,全天 24 h 常亮,根据列车在区间行驶的有效时间及夜间人工作业时间统计,无效照明占比达到 62% ~ 74%,很大程度上存在电能浪费的情况。且长时间满功率运行加剧了灯具老化,照明灯寿命缩短,更换维修成本逐年增加。因此选取部分区间进行物联网智能化改造,实现"车来灯亮,车走灯暗,人来灯亮,人走灯暗"的智能节能控制,同时还可以延长灯具使用寿命,节约更换成本和人工维护成本。

改造完成的物联网智能照明以控制感应模块为硬件载体,通过接入多种类型传感器与灯具进行无线通信自组网和集群控制,组成可以精准高效服务于各类场景的照明控制系统,实现对传统照明的数字化和智能化升级,有效提升智能化管理水平,达到精准节能的目的。区间智能照明主要有以下几方面特点:

一是加密通信、安全稳定、容错性高。模块与模块之间通电即可无线自动组网,通信稳定,灯具系统运行对外部条件依赖少,故障率低,单灯损坏不影响其他灯具正常运行,更安全稳定。

二是与消防等系统设施联动、兼容性高、安全性高。在紧急情况下,如遇火灾等突发事件,智能照明能够迅速响应并与消防等应急信息联动。当接收到消防的紧急信号时,可以自动切换到应急场景模式,实现对照明区域的智能化调控。如遇大面积断电的情况下,配置的市电检测器会立即检测到电力的中断,灯具能够自动切换到备用电源并保持常亮状态,维持基本的照明功能。

三是无级调光,无感节能。灯具可根据列车运行区间位置及滞留时长,自行智能动态管理,亮度可在 0 ~ 100% 范围内自动调节,司机无感驾驶。灯具长期处于低功耗运行状态,减少无效照明时间,延长灯具使用寿命。

四是人来灯亮,人走灯暗。每盏灯都具有单独控制功能,集成多种传感器,通过自主判定人员活动信号,实现灯随人亮,灯具在夜间检修或巡道人员到来之前提前感知自动点亮,智能分组区域化照明,确保作业人员周围亮度满足正常照明需求。

通过应用物联网技术,对区间隧道照明进行智能化改造,可节电70%,灯具平均寿命延长 4 ~ 6 年,同时也极大减少了检修人员频繁维修更换灯具的工作量。

(三) 段场动力照明节能举措

出入场段线照明节能改造。该区间照明均为应急照明,24 小时常亮。为实现区间照明节能降耗,对车辆段、停车场出入段线区间照明控制模式进行优化,利用技术改造手段,使区间照明具备自动开关功能。在原设计区间照明回路上,新增智能照明控制器,实现区间照明收发车期间及人工作业点开启,其他时段关闭。智能照明控制器可以根据不同回路数量,配置不同的控制模式,即就地控制、定时控制、经纬时控、光控功能、集中控制。车辆段和停车场区间照明两个时段:关闭时段和开启时段。出入段/场线区间照明灯总数量共计 560 盏,单灯功率 0.012 kW,每天关闭20 h,每天节电约134.4 kW·h。

车辆段再生能馈装置投用及退出优化。车辆段安装一台再生能馈装置,主要承担车辆段列车再生能量回馈。经测试,当列车达到 40 km/h 时,能馈装置进行能量回馈。为确保车辆段运转可靠性,结合各专业实际作业情况,在试车线不开展调试、系统测试、演练等工作期间,车辆段再生能馈装置退出运行;在试车线开展调试、系统测试、演练等工作时,按流程提前投用车辆段再生能馈装置。一套再生能馈装置在带电状态下,每天消耗电能约85 kW·h,每年 300 d 处于无效运行状态,年消耗电能约2.55 万 kW·h。

运用库、办公楼及室内照明节能管理。运用库大屏分时段开启,缩短使用时间;配合列车全面执行四日检,相应减少生产区域照明;夜间运用库部分区段不安排检修作业时,不开灯;办公区走廊灯非必要不开启,开启时隔一开一。每年节电 9.95 万 kW·h。

加强公共区域照明管理,关闭段内景观灯、洗车库和运用库外路灯;在保证照度的情况下,将办公楼每层楼道夜间照明灯数量调整为不超过三盏;查看会场空闲时投影仪、音响等设备及照明灯、空调等开关情况,做到及时关闭;检查各单体办公室下班后照明灯关闭情况。每年节电6.14 万 kW·h。

三、品质服务:技术助力服务水平再提升

(一)5G+远程指挥调度系统

传统地铁运营过程中通过 800 M 网络制式,实现列车驾驶室与全线站台、检修车库群组通信联系。使用传统 800 M 模拟无线电对讲机,不仅设备较厚重,运营、检修人员携带不方便,且通信信号时常不稳定,在不同线路无法互通,地上、地下无法互通。列车出现停车故障时,沟通效率低下。信号死角较多、通话质量较差、易受到干扰,并且受限于终端制式,通话管理性能较差,经常多人同时讲话从而降低沟通协调的效率。尤其在

应急情况下,非人人配置 800 M 通信设备,对突发事件无法做出及时处置。

5G+远程指挥调度系统是通过云端部署应急指挥调度平台,辅以 5G 网络覆盖和蓝牙信标定位引擎,实现列车运行自动组群,打造了一张安全、稳定的地铁移动调度通信网络和系统架构。

通过 5G 与新技术的结合,建立一张网、多终端的集群通信功能,替代原 800 M 和固定电话组成的通信网络,以提升地铁内指挥调度的及时性、全面性,提高了应急御险、高效运营的能力,降低了运营成本。

该系统利用现有 5G 公网网络实现对讲不受距离限制、后台统一调度管理,集"对讲语音通信+信息化地图+应急指挥调度"于一体,采用公网方式打造一个更新、灵活、可视化的调度平台,解决地铁交通通信调度的痛点,改变原"手机+传统对讲"通信模式,提升了通信水平。

1. 和对讲的应用

传统情况下,列车到达站点后驾驶员需要通过 400 M、800 M 无线电对讲机或者下车使用站台固定式电话。前者通信死角多、容易串频、通话混乱且无法灵活组群,后者过程烦琐,对列车司机工作强度要求较高且仅能与当前站组通话,不具备应急预警性。

和对讲取代传统的 800 M、400 M 对讲机,为保障联络信号的畅通,在 5G 网络覆盖方面,实现了站点覆盖无死角、隧道覆盖无盲区。

首先,根据站厅层结构,该系统采用多元化覆盖方式(无源室分+有源室分),充分发挥设备特性。在站厅层公共区域及出入通道口使用吸顶天线交叉布放的方式进行覆盖,天线覆盖范围 20~30 m。站台区域是话务需求最高的核心区域,采用数字化分布式覆盖,同时避免隧道与站台的同频干扰及列车进出站时的快速切换。重要的办公室、会议室、车控室等,采用天线进房间覆盖。站厅出入口无障碍电梯覆盖设置对数周期天线进行覆盖,保证与室外信号的良好切换。

其次,地铁隧道环境相对封闭,空间狭窄,安装位置有限,人员密度大且车速较快。5G 网络在隧道内的覆盖方式与传统无线覆盖方式基本相同,即采用"5G-RRU+POI+泄漏电缆"方式。三家网络运营商在地下隧道内站点位置各自设置 5G-RRU 设备,通过 POT 合路设备共享隧道内漏缆。

每个车站部署 10 个蓝牙信标,双向各部署 5 个,信标间隔距离为 8 ~ 10 m。部署位置为进站方向隧道 10 ~ 50 m、距地面 1.5 m 处,连续或交错部署 5 个信标。运用定制终端加配套的定位引擎软件,同时与蓝牙信标相结合辅助进入群组的准确性,无须列车司机对终端进行任何的操作即可保障全线运行的语音互通,以及列车运营的实时位置。列车随动组群通信原理见图 3.22。

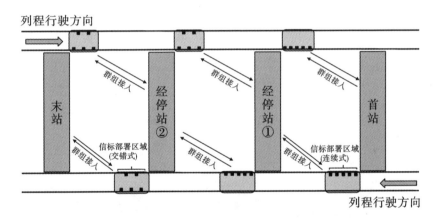

图 3.22 列车随动组群通信原理

每列列车配备一台和对讲,列车驶离时检测到和对讲连接上蓝牙信标,后台自动将和对讲直接连接下一站台工作群组,改变原有经过全站线大群,只有当列车司机使用终端接入到下一个站台群组时,才会自动将上一站台群组变成退出模式,保证群组的无缝衔接。

在隧道两侧部署蓝牙信标后,可精准定位并且连接驾驶室和对讲,通过平台识别将该和对讲通话群组转移至下一站点,无须驾驶员操作,随着列车行驶自动切换站点工作群组通信,做到群组内通信优先,群组间沟通无障碍。

2. 远程指挥调度平台

远程指挥调度平台是在 5G 网络全覆盖,和对讲广泛应用的前提下,集合多种先进技术搭建而成。它的技术特点在于:

使用融合通信技术:该系统支持集群对讲、视频调度、GIS 调度、消息调度等多媒体指挥调度通信,支持 GB28181、网络摄像头等视频融合通信,支持对接 PSTN、专网集群、传统电台等传统调度语音通信融合。

AI 图像识别技术:通过 AI 引擎服务器、AI 模型管理平台,支持固定摄像头、便携摄像头、移动设备、手机 APP 等多种视频采集终端的 AI 图像识别应用,并建立了具有云边协同能力的 AI 模型管理运营平台,可实现个性化 AI 图像识别低成本解决方案。

定位应用技术:支持北斗/GPS 定位、RTK 高精度定位、UWB/BT 室内定位等定位应用,支持百度、高德地图应用,支持用户自建地图和室内地图应用。

全应用客户端:支持 iOS/Android App、Windows App、Web 客户端、微信小程序,以及各种嵌入式终端应用。5G+远程指挥调度平台见图 3.23。

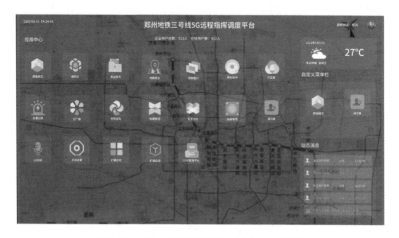

图 3.23 5G+远程指挥调度平台(主界面)

在5G+远程指挥调度系统落地后,主要在信号、调度指挥等方面展现出以下优势:

一是5G专网确保信号畅通。全线100%覆盖运营人员各个活动点位(包括原800 M无线电设备出现通话死角的点位),信号质量稳定。自项目落地以来,从未出现过5G智能终端无信号、信号差的情况。多路视频实时率提升至100%,预警效率提升1.5倍。

二是5G赋能智慧调度。该系统平台功能包括集群对讲、语音通话、视频通话、会议、群组彩信、实时定位通信录等,基于这些基础功能,系统衍生支持多媒体会商、室内定位、GIS指挥调度等扩展功能。同时,系统提供第三方应用开发或平台对接接口,支持Android App、Windows App、Web客户端、微信小程序等多种客户端,其基础调度通信能力能够非常方便地集成到作业调度、应急指挥等应用系统中。定位精度实现从0到1的突破。

三是5G多终端实时互联互通。在物联网感知层、接入层、网络层和应用层的四大层次中,智能终端设备是感知层和接入层的核心,是应用层的载体。该平台通过5G网络泛连接多种5G智能终端,包括和对讲、执法记录仪、蓝牙信标、高清AI摄像头等,实现多种多媒体消息(视频、语音、图片、文字)数据的互联互通,对于系统分析、中台管理提供了海量、全面的数据支撑。巡检人力成本降低了50%,效率了提升4倍。

5G+远程指挥调度项目分别获得了国家级、省级创新荣誉奖,成为加强信息化建设构建城市轨道交通应急指挥体系的重要支撑。

(二)智能客服设备

车站设置智能客服设备(图3.24),以替代传统人工客服,降低人力成本。

智能客服设备通过三维人脸定位建模技术,打造3D真人数字影像的效果。精准模拟客服人员面部肌肉运动节点,驱动表情与动作并配以

图 3.24   智能客服设备

相应的语言表达,整个交流过程自然顺畅,声情并茂。设备听得懂,答得出,不仅能主动唤起问候,而且应问而答,专业解惑。

　　智能客服设备中建立了基于神经网络的自主学习机制,结合大数据精准智能分析,不仅能够快速和专业地回答大部分常见问题,而且还能不断自我优化,根据大数据挖掘成果,深入关联主题,越干越聪明。

　　在日常服务过程中,智能客服设备具备语音识别功能。语音近场识别普通话的准确率达 98%,离线识别率达 95%。同时拥有粤语、四川话、闽南语等 23 种方言的识别引擎,语音识别毫无压力。对输入语音进行智能分析和判断,可将与业务场景无关的语音和无效的噪声进行过滤。可对中文、字母、数字进行混合识别,保证较高的准确性。

　　智能客服设备还具备人脸识别功能。根据是否侦测到人脸来判断是否唤醒设备,同时保持高效率、低能耗。检测到人脸并判断是否已注册,可应用于人脸票相关的业务处理。在人脸关键点检测方面,错误率小,稳定性高,如种族、年龄、性别、表情等人脸属性信息识别。检测是否真人操作,配合用户身份验证。

　　当乘客有服务需求,求助于智能客服设备时,该设备可以为乘客提供包括路径规划、出站咨询、首末班车查询、公交/地铁换乘、附近公交查询、卫生间、无障碍设施、站厅图、出口地图、出入口位置、转人工客服、投诉、违禁品查询、领取发票等信息咨询服务。另外,还支持用户进行各票种的信息查询业务和付费补票业务。

智能客服设备相较于传统人工服务具有以下几点优势：

一是降低人力成本。智能客服设备成为人工客服有力补充，弥补了人力资源缺口，该设备不仅成本低廉，而且小巧轻便，占地小，搬移轻便，在服务过程中，可逐步替代人工客服简单重复的基础工作，让有限的客服人工资源投入更有附加价值的服务中去。

二是降低运营成本。智能客服设备设计简洁精巧，维护容易方便，不仅安全待机无噪声，而且运营成本低廉。

三是优化乘客体验。智能客服设备作为人工客服的补充方式，不仅可以不间断工作，满足了乘客即时响应的需求，服务中信息输出统一，具备超强的处理效率，而且不断自我学习，服务工作逐渐完善，极大地提升了乘客体验感。

（三）弓网磨耗控制

在冬季温湿度较低的时候，易出现不同程度的弓网异常磨耗。通过不断探索和总结，对接触网设备开展了一系列控制工作，并取得了良好的效果。

在弓网磨耗控制方面，主要采取了以下措施：

一是参数调整和优化。为了保证良好的弓网关系，提高接触网检修标准，进一步缩小误差控制范围，在日常检修中当出现弓网异常磨耗后，对重点区域接触网导高、拉出值及关键位置抬高进行重点校核，发现缺陷的确切位置和数量，并第一时间消除。

二是燃弧和硬点整治。使用车载弓网监测系统，对燃弧现象进行实时监测和记录，获取准确的燃弧数据。通过分析燃弧数据，识别出燃弧发生的频率、强度以及位置等信息。

三是整治汇流排缺陷。通过应力释放，对汇流排"正瞄侧看、上下呼应"，关注全线汇流排、绝缘子及定位线夹状态，对汇流排卡滞和扭转、线夹歪斜等情况进行整治。

四是接触线打磨。通过专用的打磨工具,对站台及区间燃弧的接触线表面及侧棱进行磨削,以去除表面的不平整、毛刺和硬点等,使接触线表面恢复平整,改善弓网接触状态,降低磨耗。

五是隧道加湿。通过工程车搭载的加湿设备,在隧道内释放适量的水雾,增加隧道内的空气湿度;通过在活塞风道布设水管及喷头,利用列车通行的活塞风将水雾送至隧道。

六是隧道环境监测。在车辆段户外及隧道 10 个车站位置装设温湿度记录仪,实时不间断采集隧道温湿度数据,对其变化进行分析,总结规律,指导磨耗的治理。

通过近两年的治理,弓网磨耗情况得到了较好的改善:

一是提升设备状态和弓网的跟随性。通过精确测量和及时调整,将接触网参数调整至最优值,显著减少了因参数不当引起的弓网异常磨耗。优化后的参数不仅提高了弓网系统的运行效率,还降低了因磨耗导致的故障率,提升了系统的可靠性和稳定性。

二是减少燃弧和硬点的数量和程度。利用专业设备对燃弧现象进行实时监测和记录,能够迅速识别并处理燃弧问题。通过对燃弧数据的分析,更准确地了解燃弧发生的规律和原因,从而采取更有效的整治措施。整治后的弓网系统燃弧现象明显减少,有效降低了磨耗速度,延长了接触线的使用寿命。

三是实时掌握温湿度变化。通过在车辆段户外及隧道内装设温湿度记录仪,实时掌握隧道内温湿度的变化情况。通过对温湿度数据的分析,总结出隧道内温湿度变化的规律,为磨耗治理提供了科学依据。更精准地指导磨耗治理工作,提高治理效果。

四是减少短路放电故障。通过专用的打磨工具对接触线表面及侧棱进行磨削,成功去除了表面的不平整、毛刺和硬点等缺陷。打磨后的接触线表面恢复平整,有效减少了因接触线拉丝导致的短路放电故障的发生。

(四)轨行区环境治理

轨行区环境的优劣直接影响到运营品质,我们以设备、员工、乘客工作环境的提升,保障设备间、站区、车厢内小环境的长效改善。

轨行区环境治理包括轨行区垃圾清运、隧道冲洗、设备设施隐患整治、模块化管理、改善轮轨关系等工作,通过坚持不懈的努力,轨行区环境获得了极大的提升,并将相关工作标准和流程逐步制度化,取得了良好的效果。

1.组织隧道冲洗工作

为了提升轨行区作业环境,进一步提高乘客乘车舒适度,保证设施设备稳定性,制定隧道冲洗标准,明确责任范围,组织员工进行隧道冲洗作业(图3.25),清除轨行区内存在的异物及积尘。

图3.25　隧道冲洗

2.落实"微提升"理念

针对轨行区存在的安全隐患,坚持从细小处出发,坚持每日排查隐患,做到轨行区隐患治理的每日微提升。轨行区上方构建专项整治保障行车安全,范围包括轨顶风道及其内部,通风口及其周边环境,盾构管壁及其附属件,重点在裂纹处、建筑体边缘易脱落体的清除和杂物清理,以消除顶部异物对行车安全的威胁。规范固定轨行区盾构腰部整治线缆设备,重点对螺栓缺失、紧固不到位、线卡失效、柜门锁失效等事项整治,消除设备侵限隐患,减少非正常行车及抢修作业频次。轨道两侧整治排水沟、凸起物,消除排水堵点及人身伤害隐患。整治过程中,形成问题清单,制定针对性治理方案,列入月度生产计划并组织整改。

3.实行轨行区模块化管理

为明确各专业间环境管理范围,便于实施模块化管理,在轨行区进行标记划线,明确责任区域(图3.26)。对区域内存在裂纹部位进行黑色喷涂,编号管理,以便于第一时间发现异物的出处,对于编号点位纳入日常巡查计划中予以重点关注。

图3.26　轨行区模块化管理

4.改善轮轨关系

日常持续做好线路动静态几何尺寸调整,保证轨道线路平顺,列车运行安全平稳。针对钢轨磨耗问题,积极推进钢轨打磨工作,打磨完成符合钢轨打磨验收标准。

针对正线区间轮轨噪声问题,在正线区间安装噪声检测仪,用于监测列车通过时的噪声变化,便于掌握正线区间噪声变化规律,研究影响区间噪声变化因素。

钢轨轨顶涂覆装置加装远程操控系统,远程对钢轨轨顶涂覆装置的参数进行调节,使出油情况保持在最佳状态,改善轮轨关系,延长钢轨使用寿命。

普查全线噪声,找出重点区域,落实改善。采用人工＋机械模式实现,弯道处人工日常打磨频度因地制宜确定,其他处打磨采用机械方式完成。依据噪声测试仪检测结果,不断优化打磨策略和涂覆装置参数,实现磨耗及噪声受控。

通过技术和管理措施的不断落实,轨行区环境有了大幅改善,减少了安全隐患,提升了隧道、站区的清洁度。在此基础上,清理设备间及柜体内污染物,改善设备工作环境,提升系统稳定性,各项运营指标得到全面提升。

第四章
向创新要高科技

新质生产力的关键在于科技创新,地铁运营期科技创新属于应用型,尊重行业特点和发展规律是基础,解决生产中的难点、痛点是切入点,提升安全效果、生产效率是落脚点,不断创新并应用,应用中持续改进,最终达到创效目的。技术创新不仅能驱动运营控本增效,远期还可以促进公司治理结构的优化升级。近年来,在生产实践中,我们始终坚持在创新中培育新科技,科技赋能智慧运维。

我们始终坚持在创新中培育高科技,科技赋能智慧运维,推动企业的高质量发展。

我们始终坚持技术驱动,安全运营,控本增效,积极开展新技术应用推广,提升专业设备维修能力,努力实现从"人检"到"机检","计划修"向"精准预防修、状态修"的转变,有力支撑维修规程、巡检周期、生产运作的进一步优化,提升生产运作效率,从而实现降本增效。

一、工程车运行安全监控系统

工程车运行安全监控系统建设解决了工程车安全防护缺失的难题,实现了工程车运行安全由"人工互控"向"设备防护"的转变。系统以解决进路前方信号的准确识别和消除瞭望盲区问题为核心,以轨道地图为基础,通过工程车精确定位,结合软硬件设计,实现工程车运行状态在线智能监测与控制联动,系统可自动执行进路信号识别行车作业,实现了超速防护、信号机防冒进控制、尽头线防护控制、车辆溜逸报警防护、段场内调车作业停车标识等关键点控制和危险状态下的自动停车,可辅助司乘人员安全驾驶车辆,解决了工程车辆缺乏有效的技术防护手段,完全依靠人工控制、人为监控的隐患,有效保障工程车在作业中的安全。

工程车运行安全监控系统由车载子系统、地面控制子系统、运行分析子系统构成。通过对既有车辆进行加装车载设备、布设地面设备、运行分析软件及硬件增设的方式,可实现车地无线通信,将地面信号联锁信息传输到车载设备,运行过程中防止工程车超速、冒进信号机、冲撞止挡器等安全事故的发生,降低事故经济损失及安全管理成本。

车载子系统负责工程车状态信息采集和地面控制信息接收,根据信标进行工程车位置定位,进而实现工程车调车作业和区间作业的安全防护,同时将防护信息在屏幕显示器进行显示。车载设备包括定位查询模块、无线通信模块、速度传感器、信号接收器等。这些设备能够实时获取车辆的位置、速度、方向等信息,并通过无线通信模块与地面设备进行数据交换。

地面控制子系统、地面控制服务器、无线电台天线组成通信模块,通过与联锁系统接口,接收段场联锁信息并通过数传电台发送至车载设备。地面增设包括信号机、联锁设备、无线通信基站等在内的地面设备,能够实时监测车辆的运行状态,并通过无线通信基站将信号联锁信息传输到车载设备。

运行分析子系统由 IC 卡、读卡器及分析软件组成。作业完毕后由作业人员转储运行记录文件,交由分析人员完成运行记录分析。通过软件分析工程车运行数据可发现司机在操作中存在的问题,在规范司机标准化操作、事故分析依据查找等方面发挥着重要安全辅助作用。

主要有以下几个技术特点:

一是无线通信技术,采用无线通信技术,实现了车地之间的实时数据传输,具有传输速度快、稳定性好、抗干扰能力强等优点,能够确保数据的准确性和可靠性。

二是实时监控与预警,实时监控车辆的运行状态,发现安全隐患时及时向驾驶员发出警报并采取制动措施。实时监控与预警机制能够有效降低安全事故的发生概率。

三是高度集成化与智能化,多个功能模块集成在一起,实现了高度的集成化和智能化,不仅提高了系统的稳定性和可靠性,还降低了维护成本和使用难度。

工程车运行安全监控系统的加装对地铁运行安全的防护起到了至关重要的作用。

安全效益方面,监控工程车的运行状态,包括速度、位置、运行方向等,确保工程车在规定的轨道和速度范围内运行,从而防止超速、冒进信号、挤岔等安全事件的发生;实时报警并干预,当检测到异常情况时,会立即发出警报,提醒司机采取相应的应对措施,从而避免事故的发生。

经济效益方面,一是避免安全损失,有效减少因人为失误或设备故障导致的安全事故,从而降低因事故导致的直接经济损失和间接经济损失;二是监控系统的上线可通过优化工程车用车及人员配置,提高运行效率,降低运营人力成本。厂内调车作业工程车值乘司机人数由 3 人优化为 2 人。正线施工作业用车由双机牵引配合逐步优化为单机牵引运行。

社会效益方面,本系统提高了地铁线路维护作业效率,确保了地铁线路的安全稳定运行,从而提升了地铁的服务质量和乘客满意度。

二、360°图像检测系统

在电客车回厂不停车通过时,360°图像检测系统(图 4.1)可以自动对电客车车顶、车侧、走行部左侧、走行部右侧、车底的关键部件进行实时

360°全景监测。电客车车顶安装两台3D高清激光扫描器、两台高清面阵相机,车体两侧各安装一台高清面阵相机,车侧下两侧各安装一台3D高清激光扫描器、一台高清面阵相机,车底安装一台3D高清激光扫描器、5台高清面阵相机,完成对车顶、车侧、车底的检测。车顶主要检测空调、受电弓、贯通道折棚顶部、天线、废排等;车侧主要检测车门、车窗玻璃、贯通道折棚侧面等,车侧下主要检测转向架、车底电气箱等;车底主要检测电机、齿轮箱、制动管路、车钩、车底电气箱盖等。采用3D高清激光扫描器检测为主、2D高清面阵相机辅助的方式,对电客车车顶、车侧、走行部、车底等关键部件异物、形变、螺栓防松线松动、箱盖未锁闭等情况进行检测,识别出异常故障进行自动预警,车辆检修工根据系统报警信息,前往电客车对应部件进行异常故障确认和处理,有效避免电客车带病上线运营。为实现自动识别、预警功能,360°图像检测系统还采用了三维激光扫描自动识别及二维图像联合预警的检测方法。

图 4.1　360°图像检测系统

它的技术特点在于：

一是采用三维激光扫描检测技术，能够高速、高精度检测电客车关键部件的三维轮廓，通过其形位分析，判断特定物体的位置是否发生变化，与检测条件（光照、表面颜色等）无关，大大提高了故障识别率，主要用于检测电客车车顶异物，电客车关键部件形变和缺失，以及车底电气箱盖未锁闭到位等异常情况。减少误报警的次数，故障识别率可达到 95% 以上，故障误报率小于 5%，减少人工复核确认的工作量。

二是采用二维图像识别技术，采用图像对比分析算法，主要用于识别电客车关键部件紧固件、防松线错位等故障。

三是系统具备自学习功能，建立车辆关键部件三维标准模型，通过精确定位技术实现与标准模型的整幅对比，识别车底闸瓦、牵引电机盖、齿轮箱等关键部件缺失、变形、漏油等异常情况，不断矫正模型误差，实时推送预警信息。

360°图像检测系统实现了对车顶、车侧、走行部、车底关键部件异物、形变、螺栓防松线松动、箱盖未锁闭等故障预警功能；有效地配合了电客车四日检，优先投入使用车底、走行部左侧、走行部右侧等监测功能，替代部分车底双日检作业。随着系统的整体投入使用，替代人工进行电客车双日检车侧、走行部左侧、走行部右侧、车底关键部件检查,替代 60% 人工日常检修作业,为电客车四日检开展提供数据支持。每年可节省人力约 4 人,按每天检测电客车 22 列计算,全年节省人工工时约 8030 小时,节省人力成本约 60 万元。

三、车载式弓网数据检测与智能巡检系统

电客车安装了车载式弓网数据检测与智能巡检系统,实现了列车运行状态下弓网状态的监测,运营与检测同步进行。该系统适用于全线路,包含地下部分的刚性接触网和地上部分的柔性接触网。通过对接触网定位悬挂进行高清录像,能发现绝缘子破损、倾斜、定位坡度不足、螺帽松脱等现象并进行拍照储存。利用字幕合成功能,将检测形成录像,显示区间(站)、里程、锚段号、定位点号和时间、行车速度等信息,以便进行实时、精准分析。通过接触线定位跟踪图像识别技术,获取接触线的精确图像,利用接触线磨损计算算法,得出接触线的磨耗面宽度、剩余高度、剩余截面积,掌握接触线磨损程度,为换线提供数据支撑。

它的技术特点主要有八个方面:

一是非接触式测量。采用非接触式测量方法,基于高清成像及算法,避免出现传统人工接触式测量可能导致的误差。

二是综合定位技术。以线路接触网原始数据库为基础,利用高清摄像头对接触网支持定位装置进行识别,通过读取车辆的运行速度、运行里程等信息对定位进行修正,为检测结果提供准确的位置信息。

三是接触线几何及磨耗测量技术。通过高清全局快门的工业相机,对接触线的几何参数及磨耗进行高精度测量。在车速为 100 km/h 下可以确保采样间隔为 70~140 mm,为高精度连续测量接触网几何参数、磨耗,形成全线路的连续曲线提供技术保证。

四是接触网支持装置结构缺陷自动识别技术。根据采集的接触网支

持定位装置的高清图像,利用智能图像识别算法对螺栓松脱、绝缘子破损、开口销缺失等缺陷进行识别并建立缺陷数据库,提高缺陷识别率。

五是智能化检测与管理。本系统对于检测对象,能对接触网自身状态如几何参数、车速、电流、燃弧、温度等方面进行测量,也能进行智能判断;对发现的缺陷,自动存储数据及回溯、缺陷分析,实现了智能检测与管理;对问题发生前多次测量的数据进行趋势分析,结合轨道状态进行多专业的联合对比分析,为设备状态长期演化的研究提供数据依据。

六是抗干扰。具有较强的环境适应性,不受光照、灰尘、雨雪等外界环境干扰,且不受复杂地形的影响,检测项目齐全、测量精度高,能够准确评估接触网的工程质量和弓网系统的运行状态。

七是实时性与动态性。实时检测弓网的工作状态,包括接触网的几何参数、物理性能等,实现动态监控。

八是自检功能。能检测到自身设备故障,可自动复位。自动检测与网关连接的串口通信、传感器状态以及监测软件运行状态,出现异常时能进行重启并恢复正常运行。

通过加装弓网检测系统,在列车运行过程中实时监控弓网的状态,及时发现设备运行问题,并及时告警专业技术人员核实跟踪处置。接触网检修实践中,我们将该系统和人工作业相融合,采信系统测量结果不断提升其精度,最大程度取代人工作业,通过人工测量、巡检对该系统检测结果进行校验。尤其在冬季异常磨耗期间,人工测量全线路接触网参数需要大量人力、物力且测量周期较长,在 4 个班组共 40 人上线测量的情况下,需 20 台测量仪器、4 个晚上方可完成全线测量,装有该系统的列车只需上线运营就能实时掌握所经过线路的接触网导高、拉出值、转换位置抬高等关键参数,通过该系统可以完全取代上述检测作业。

通过弓网检测系统,可以有效减少人工测量工时、工具及耗材使用的数量。同时,由于发现并处理问题及时,可避免因弓网问题导致的列车故障,进一步节省了维修成本。

四、远程洗车技术

　　远程洗车操作台安装在车辆段运用库 DCC,洗车机采用传统的列车自动清洗机,增加的设备有洗车操作台、工控机、硬盘刻录机、UPS、PLC模块、显示器、光纤收发器、交换机等硬件(图4.2),通过2芯光纤将 DCC远程洗车操作台 SCADA 系统发出的洗车指令传输给洗车机库电气柜PLC,控制现场各工位的动作,完成远程洗车作业。该功能替代原有洗车作业方式,洗车人员不需要前往洗车机库进行洗车作业,在 DCC 可远程操作列车自动清洗机完成洗车任务,减少往返洗车机库的时间。

图4.2　远程洗车设备

它的技术特点在于:

　　一是实现远程监控。通过 DCC 控制台,洗车作业人员远程对洗车机运行状态监控,包括对现场洗车机总电源的控制、UPS 电源和工控机的开关机、现场设备的图像监控、设备的运行状态、洗车模式、报警信息、数据记录和查询等,在操作台上可看到的信息有:总电源指示灯情况,判断总电源开、关是否正常;信号及模式是否正确,与现场同步卡控安全关键点;洗车机构作运图像,确认列车和洗车机状态。确保远程洗车在安全状态下完成。

二是提升安全性能。列车端洗安全风险高，为保持原有的远程端洗功能，对原有端洗机构进行相应的改造，将手动安全锁改造成自动安全锁结构，即拆除手动安全锁，将端刷自动落入安全保护卡槽内，并设置一个安全挡块，当进行端洗洗车作业时，端刷提到安全保护卡槽之上再摆出；在端洗洗车作业完成后，端刷自动下降到卡槽内，从而保证端刷不侵限。

三是实现远程启停。洗车机库主控柜的总电源为带有电动操作机构控制开关，具有手动/自动控制模式，为实现远程洗车功能，对原有端洗机构、UPS 电源、洗车机库总电源等进行改造升级。洗车机操作台安装总电源开关按钮，在洗车机库增加 PLC 模块，将洗车操作台的总电源开、关指令传输至该 PLC，由该 PLC 来控制洗车机库总电源的自动开、关，实现远程启停。

四是保障数据互通。远程改造将洗车机控制系统接入局域网，洗车机库控制室的硬盘刻录机通过 UPS 电源供电，洗车操作台通过局域网对 UPS 电源进行远程开、关，实现洗车机库硬盘刻录机远程开关机功能。在 UPS 电源智能插槽处，加装了智能通信网卡，从而保证其与 DCC 远程操作台硬盘刻录机的监控数据互通，包括视频、洗车机状态、操纵模式等信息，在操作台均可获取。

五是实现全天候作业。为了方便夜间洗车作业，对洗车线照明开关进行远程控制改造，在照明电路上加装接触器，通过洗车机 PLC 模块预留的 I/O 口进行输入、输出控制，实现在 DCC 远程洗车操作台进行洗车线照明开、关功能。

此功能实现了在 DCC 远程洗车，无须前往洗车库进行操作，改善了员工作业条件，节省了往返洗车机库时间。与此同时，DCC 调度参与互控，洗车作业人数由原来的 2 人减少为 1 人，每天可节省工时 4 h，全年可节省工时 1460 h，节省人力成本约 12 万元。

五、道岔融雪装置

车辆段共配置转辙机57组,均为露天设计,承担着所有电客车的收发车任务。扫雪除冰工作是行业雪天的必需作业项目,传统的人工扫雪方式与行车作业冲突,无法实现实时清除,同时人工作业效率低下。为克服这一难题,加装电加热融雪装置,通过技术手段实现自动化除雪,避免了人工扫雪不及时引起的信号系统失表故障发生。

以自动化电加热方式,在道岔上安装电加热元件,并配套控制设备,通过采集钢轨温度信息,自动控制道岔加热系统的启停,同步实现远程监控钢轨温度和融雪效果。

它的技术特点在于:

一是信息采集。装置能够采集并显示操作信息和控制方式信息,便于操作人员了解其状态;采集并显示加热电路的工作状态及电流、电压参数,确保对加热电路的全面监控;采集并显示钢轨温度信息,实时了解钢轨温度状态。

二是系统控制。系统支持自动控制、手动控制和应急控制。自动控制根据检测的钢轨温度,依据预设条件自动调整加热电路,实现对加热电路的闭环控制,达到节能降耗的目的;手动控制允许操作人员直接干预,可远程启停单个或多个加热电路;应急控制确保在紧急情况下,能够迅速启停加热。

三是系统诊断。系统具有自检、诊断功能,及时发现并解决潜在问题。当出现漏电、短路、断路等故障时,能够立即报警,并显示故障位置及类型;传感器故障时也能够自动报警,确保系统信息的准确性。

四是系统安全。设备的安装不影响既有轨道电路及转辙机设备的正常工作,不影响行车安全;设备具有过压、过流、漏电保护,不影响人身安全。

通过在道岔位置加装自动化的电加热融雪装置,可有效解决道岔除雪的难题,避免出现道岔除雪不及时、内有积雪或结冰造成尖轨与基轨无法可靠密贴、不能正常转换的现象,降低降雪冰冻对转辙机设备造成影响;消除人工除雪工作环境差、工作效率低、易导致人身伤害的隐患,提高生产运营效率,为运营生产工作提供有力的安全保障。目前,车辆段加装的道岔融雪设备使用效果显著,在降雪期间,融雪装置工作情况良好,道岔动作范围内无积雪、积冰情况,有效减少了人工清扫道岔积雪工作量,成为避免冰雪灾害对道岔影响的有效手段。电加热融雪装置见图 4.3。

图 4.3　电加热融雪装置

六、道岔缺口监测

转辙机是列车折返的核心设备,全线配备 50 组(100 台转辙机)道岔。传统信号系统不具备实时缺口监测功能,无法在道岔故障前预先发现转辙机的表示缺口变化,仅能在检修时进行调整,无法实现预防性维护。此外,当道岔出现故障时,由于缺乏有效的故障判断手段,影响故障处理的效率,特别是折返站的道岔故障,极易影响行车。通过对滨河新城南站、营岗站、兴隆铺站、省体育中心站等站点共计 16 组、32 台转辙机关键道岔加装缺口监测设备,可以协助检修人员提前发现转辙机表示缺口变化,有效提高道岔检修质量以及设备的稳定性,保障了道岔设备安全可靠地运行。

它的技术特点有以下几点:

一是独立性。系统具有完整的独立性,具体表现为当缺口监测系统发生故障时,不影响其他信号设备的正常工作,确保信号系统整体稳定。

二是实时性。实时采集转辙机缺口状态,支持预警和报警两种级别,门限值可灵活设置,快速发现潜在问题,通过站场平面图实时显示道岔位置和缺口状态,预警和报警信息一目了然。

三是准确性。系统具备智能判断功能,检修时间、通信故障、道岔区段有车占用时,不产生误报,确保信息准确性,准确记录缺口数据,绘制曲线图,便于分析道岔运行状况。

四是自主性。为道岔外锁闭装置提供自动加油功能,根据道岔使用情况和阻尼变化自动注油。

五是便利性。定位故障范围,提升应急处置效率;在安装监测分机和传感器时,设计了转辙机内缺口的视线不被遮挡,方便检修人员在作业时可清楚测量缺口大小;实现数据保存与检索,整流盒温度、缺口数据存储时间长达6个月,报警数据保存至少1年,便于后期检索与分析。

道岔缺口监测系统不仅具备实时监测和预警功能,还实现了对转辙机表示缺口变化的即时捕捉,降低了因缺口问题引发的道岔故障风险。同时,结合道岔转换阻力智能监测装置,系统能够根据道岔使用情况和阻尼变化趋势,自动为外锁闭钩头注油,有效改善道岔润滑状态,减少阻尼,确保道岔顺畅运作。自加装以来,实时对道岔机械状态进行监测,及时对不良状态进行调整,发现并排除了25项潜在隐患,显著提升了道岔设备的整体稳定性,保障了列车的安全运行。

第五章
技术驱动下的人才管理

习近平总书记指出:"要按照发展新质生产力要求,畅通教育、科技、人才的良性循环,完善人才培养、引进、使用、合理流动的工作机制。"人才是第一资源,是培育和发展新质生产力最活跃、最具决定意义的能动主体。我们深刻认知到人才在新质生产力中的作用,相信广大员工中蕴含着巨大潜力,激发是人才管理的根本。行业科技创新给人才管理带来挑战,同时也应顺应规律,把握好这一机遇。完善人才管理机制,着力畅通创新科技与人才之间的良性循环,筑牢新质生产力发展的人才根基。

技术是时代的座驾,然而能够驾驭技术从而影响时代进程的,永远是具有主体意识的人。

人才不仅是再生型资源、可持续资源,更是资本性资源。作为企业最重要的战略性资源,人力资源的管理水平很大程度上决定了企业的经营质量和效益。对于城轨交通运营企业而言,人力资源是第一资源,人力成本是其最大的一项成本支出,一般占总成本的 50% ~ 60%。因此,人力成本控制是城轨交通运营企业成本管理和稳健发展的重要内容之一。

在新质生产力的引领下,城市轨道交通行业进入高质量发展阶段,智慧化、数字化已成为运营企业新的战略增长点,迫切需要企业从传统的运作方式向数字化生产转型,加快智慧服务、智慧运维等新技术应用。自动化应用越来越广泛,现代信息技术逐步取代了传统人工作业,在人力成本不明显增加的前提下,实质上减轻员工工作负荷。人力资源管理服务于生产技术,其管理手段应更加匹配现代信息技术下的生产运作方式。

截至 2023 年底,随着现代信息技术在全国各城市地铁线网的深入应用,城轨交通运营企业人员增速相对前几年明显放缓,主要表现在四个方面:一是委外业务增加,对传统业务相关岗位人员需求减少;二是智能化发展,对人员数量要求降低;三是网络化运营效应显现,线网资源共享促进了人力资源集约化管理;四是通过组织架构扁平化、修程修制优化重组、培养多职能复合型人才等管理措施,有效整合人力资源。

历经从建设期到运营期的不断探索,人力资源管理适应新技术、新规程,数次开展组织架构、岗位配置、运作模式、薪酬绩效等方面的优化设计,以达到人力资源管理与信息技术主导下的生产运作相匹配的管理目标,最终实现最大限度压缩人力成本,激发人才队伍活力,保障安全生产与服务质量。

一、精准的人员配置

3 号线采用直线职能式、按业务模块划分的组织架构,以服务保障和生产运营为两大主干,设置 9 部 2 室。该架构经历了从建设期到运营期的平稳过渡,主要体现两大特点,即"建设期架构的并行与复用"和"运营期架构的弹性与发展",在节省人力成本的基础上实现了岗位配置的科学合理性。除部分业务委外,3 号线最终定编 1352 人,定员标准42.51 人/公里。

根据《中国城市轨道交通运营发展报告(2020—2021)》公布的不同规模线网运营企业每公里人数情况(表 5.1),小规模线网公司平均64.04 人/公里,非网络化运营企业平均 48.74 人/公里。与此相比,3 号线定员标准低于小规模线网公司平均值及非网络化运营企业平均值。

表 5.1　不同规模线网运营企业每公里人数情况

公里数 X	企业分类	每公里人数
X≥500	大规模线网	37.93
300≥X>500	较大规模线网	45.81
100≥X>300	中等规模线网	44.56
X<100	小规模线网	64.04

调研 PPP 项目、单线运营企业、规模运营企业人员配置情况，在同等委外范围下，3 号线在单线运营企业、PPP 项目中车公里人数比最低。与维保模式差异较小的线路相比，每公里人数配置处于较优水平。同规模运营企业相比，车公里人数也处于行业上游。

在各地铁发展过程中，运营企业均面临不同程度的因业务切分过细导致员工阶段性忙闲不均，岗位整体劳动生产率偏低，造成人力资源浪费。同时，由于岗位技能单一，员工职业发展受到限制。在岗位设计之初，围绕控本增效及优化运作，以技术为动力源，通过实施岗位专业融合、优化生产运作模式，以智能设备替代低值重复性人工操作，降低现场工作强度，提高劳动生产效率，有效推动人力资源综合利用，也满足员工对技能多元化的需求，拓宽岗位职业发展通道。为此我们主要落实兼职电客车司机的培养以及 DCC 调度、OCC 调度、车站人员的岗位融合。

（一）兼职电客车司机机制

为加强行车关键岗位人员储备，结合单线运营缺乏岗位冗余互补的特点，避免行车计划突变或人员突发离职等因素对运营造成冲击的风险，在不实际增加编制情况下，对乘务专业职能技术人员、工程车乘务、车辆检修工、行车值班员等行车相关岗位开展兼职电客车司机培养，提高电客车司机岗位备员率，促进岗位融合。

建立电客车司机储备机制主要基于：

一是应对电客车司机在岗人数突变。在特殊情况下电客车司机突发批量离职,对短期内乘务运作造成较大影响,存在中断运营可能性。电客车司机平均年龄在 25 岁左右,适婚青年逐渐增多,婚育潮到来前,需提前储备备班人员数量,当人员不足时可以及时补充。

二是应对短期交路增加。随着客运服务水平提升,客流增大时行车间隔将进一步压缩以提高运能,上线运营列车数量增加,电客车司机交路需求增加。电客车司机培训需一定周期,人员招聘培养短期难以满足需求。可通过储备司机的培养运用,提高电客车司机岗位备员率。

三是有效提升用工效率。结合各岗位用工特点,组织工程车乘务等员工开展电客车司机取证培训,利用工休时间值乘列车或在客流高峰发车时段厂内值乘高峰列车至正线,待客流高峰期结束值乘相应转峰列车回段厂,满足关键岗位灵活用工,提升相关岗位用工效率。

兼职电客车司机的运用一方面有效缓解了临时用工的紧张局面,行车岗位进一步融合,拓展了员工的职业发展通道;另一方面每年可节约10 万元人力成本。

(二)DCC 三岗合一运作

传统地铁 DCC 岗位包括车厂调度员、信号楼值班员、检修调度员,3 号线调整部分车辆检修工作内容至检修工班,将 DCC 三岗合署为车厂调度员,当值人员配置由 4 人缩减为 2 人,即设车厂调度 1、车厂调度 2。基于此,在车厂运作方面重点优化了四种情形:

一是段场微机联锁设备故障,无法自动排列进路时,需人工准备进路,采取"现场操作人员由车厂调度员转变为工程车乘务",车厂调度员精简比例达 50%,工程车乘务也能更好地发挥其工作时效。

二是采取"DCC 不再存放电客车主控钥匙、方孔钥匙等行车备品,检修班组、乘务派班室、工程车乘务自行保留行车备品",提高收发车及调车作业效率。

三是为避免列车进出场与段场施工产生人车冲突风险,消除行车安全隐患,采取"行车区域不施工、施工区域不行车"的原则,组织车辆段内的行车和施工作业。自正式运营以来,未发生一起因施工造成的行车事故。

四是取消列车状态卡的填写、发放、回收、信息登记等管理内容,由车厂调度根据发车计划,提前与乘务派班员办理运用车辆移交手续,并转由乘务室负责管理;列车回厂到达指定股道停妥后,需报备 DCC;列车休眠且司机室侧门锁闭后,自动转为检修车间管理。经统计,每年可节省 6205 张列车状态卡消耗,同时减少台账管理的人力成本。

基于以上在行车组织方面的作业流程优化、调整,综合来看,相较于传统作业流程共节省 122 min。DCC 工作优化后对比见表 5.2。

表 5.2　DCC 工作优化前后对比

工作内容	优化前/min	优化后/min	节省时间/min
施工审批作业	10	5	5
单股道停送电作业	25	3	22
电客车授权单	30	10	20
电客车转轨(配合检修)作业	45	0	45
远程洗车作业	60	45	15
取消列车状态卡	15	0	15

(三)调度岗位融合运作

传统地铁调度班组常规配置 7～8 人,受轮休制度要求,至少需配备 5 个班组。3 号线配备 4 个调度班组,每个班组配置 5 人,按四班两运转模式开展工作。在调度班组内,将维修调度岗与环控调度岗合并为"环控维修调度岗";取消信息发布调度岗,由值班主任兼顾,负责突发设备故障、突发应急事件等非正常情况下的信息通报及短信发布;电力调度岗设 1 人,对于运营前后停送电作业,由值班主任与电力调度岗执行双人确认。

相较于传统地铁调度班组,3号线未设调度备班班组。调度人员休假实行计划休,倒班人员提前申报年度计划,由行车安全管理岗负责值班主任、行车调度休假替班,设备管理岗负责电力调度休假替班。在无替班期间,上述两个岗位为日勤岗,负责室内安全管理、培训管理、演练组织、技术管理等工作。此外,行车安全管理岗兼顾政府部门线网联动、管控工作。

(四)车站岗位融合运作

以服务乘客的站务人员及负责票务服务的客运值班员、配合行车调度组织的行车值班员为优化的主要对象,通过多元支付、客服管理系统的推广应用,实施技术与运作模式创新,将站厅巡视岗和票亭岗整合为客服中心岗,客运值班员优化为长白班用于车站间顶岗,取消一名行车值班员,实现车站整体配员16人,带动车站传统票务及服务流程优化,有效减少相关岗位工作强度。

开通初期,站务人员平均年龄26岁,随着人员的自然流失及婚育潮的到来,车站将阶段性面临人手不足的情况。因此,通过班制优化减少在站人员数量,进一步优化车站运作模式。

经过对车站客流、乘客事务处理、运营风险等情况的分析,制定了站务专业排班优化方案。一方面在19∶30至次日7∶30期间,取消夜班客服中心岗或站台岗,保留1个在岗岗位;另一方面,在客流量较少的车站取消站台岗,班制自"白夜休休"调整为"早早中中休休",每站台配置由原来的4名减至3名。经实践,车站小范围、分阶段试行低峰期取消客服中心岗、站台岗值守,情况良好,未因人员减少降低乘客服务质量,无相关乘客声音;实行优化班制的车站,每站台节省1人用于站间调配,在请休假、调休、就餐等情况下安排顶岗。

站务专业优化排班由各中心站根据人员休假情况灵活实施,班制自四班两运转的"白夜休休"调整为"白白休休",实施后每站配置由原来的 4 名减至 2 名,节省的 2 名客服中心岗用于站间调配,在人员请休假导致紧缺的情况下安排顶岗,缓解用人紧张。

在优化生产运作模式方面,重点对车厂运作、工程车运作、车辆检修等进行优化,以匹配当前技术水平下的人员配置。

(五)工程车运管修一体化运作

传统地铁公司在工程车业务管理方面,员工整体工时利用率处于较低水平,且驾驶作业与检修作业在时间上存在一定整合空间,两者作业地点相同或相近,具备岗位整合的可行性。

工程车工班定编 25 人,业务范围涵盖工程车驾驶、工程车维修、电客车厂内驾驶等三大模块,在行车安全监控系统的技术支持下,采取设备"包保到组,责任到人"的管理方式,实行"运管修一体化"运作模式。相较于行业内做法,该运作模式表现出五个特点:

一是引入监控设备,保障运营安全。为有效提高设备安全稳定性,减少人为因素造成的失误,规范司机操纵,提高调车作业效率,于 2022 年建设工程车运行安全监控系统。本系统由车载、地面控制和运行分析三个子系统构成,通过对既有车辆加装车载和布设地面设备、增设运行分析软件及硬件的方式,实现车地无线通信,同时将地面信号联锁信息传输到车载设备,实现防冒进信号及超速防护。

二是优化排班方式,人力效能最大化。打破传统排班方式,实行四班两运转模式,打破运用与检修分工壁垒,灵活调配人员,特殊情况下可调整人员分组及排班。如抢险救援期间,可根据生产任务灵活采取三班两运转、两班两运转的倒班方式,最大程度地满足人员需求。遇紧急情况可成立专修队,主要负责抢险车辆整备、正线回库车辆检查、故障处理、后勤辅助等工作。

三是实行包车责任制,设备包保责任到人。将班组人员划分为四个小组,不同车型分配至各小组,并结合使用频率均衡分配。四个小组根据包保车辆检修规程要求开展维修,当天作业完毕恢复车辆运用状态。因修程跨天安排的机班长做好检修进度记录,待下一个当班日完成剩余作业。

四是优化作业流程,提高生产效率。为提高调车及正线作业整备效率,前置整备作业时机,避免作业前整备发现问题不能及时排除故障,优化整备作业程序,减少不必要的重复检查,提高生产效率及人员业务技能。动力类工程车集中进行热机整备,优化作业时间及频率,降低燃油消耗的同时缓解作业时间长及人员紧张的问题。

五是优化检修规程,分类修订修程内容。工程车检修实行“包车制”,责任人员依据所包保车辆修程、检修要求开展维修保养工作。为降低维修车辆检修停时,划清检修间隔界面,开展动力类工程车检修规程修订工作,将半年检以上内容按照油水更换及吹扫类、测量润滑类、静态检查及动态试验类不同作业类型拆分为三个修制,便于人员根据作业特点准备相应工器具及开展作业。

经过实践,该运作模式取得了良好的经济效益和管理效益。

从技术手段讲经济效益,主要体现在三个方面:一是提高行车安全性,通过信号及速度防护,预防超速、冒进信号、冲撞止挡器、越出封锁区域、人为操作失误类行车事故发生;二是降低事故经济损失,安装有效的安全防护系统可避免事故的发生,经估算,每次事故经济损失约 10 万 ~ 15 万元;三是降低安全管理成本,安装安全监控系统后,人工投入减少,卡控难度降低,既节省了人力成本,又减少了管理成本。

从运作优化讲管理效益,突出优势体现在:一是高度集中工程车运用与维修两个岗位职责,减少不必要的工作接口对接;二是设备包保制度解决了行业内工程车驾驶人员只懂行车运用不懂设备性能的弊端,解决了轮值倒班检修间隔时间长带来的检修中断问题。通过单一化作业类型,规范作业内容等方式避免漏检漏修,减少人员重复性工作。通过固化电客车整备行走路线,以"操纵端"司机室为中心,开展电客车整备作业,提高效率,规范标准,提升工程车司机驾驶电客车专业化程度。

(六)配合作业运作优化

系统设备专业采用技术手段替代传统的人工操作,显著提高了作业工时利用率,将更多的检修资源投入设备维修工作中,提升了安全防控水平。

1. 可视化接地系统

传统停送电作业(特别是停送电配合作业),人工在凌晨 1:00—4:00 进行维修时,挂拆接地线完全依赖人工操作。一人负责挂拆,另一人负责监护,挂设完成后需留守监护,不仅造成人员浪费,还无法参与本专业的其他检修工作。此外,这种作业方式大幅缩短了有效作业时间,使单站 4 组接地线挂拆占用时长超过 50 min。由于作业人员与挂拆接地线人员不在同一地点,安全管控难度大,存在带电挂接地线和带接地线送电的安全风险。通过引入可视化接地系统,直接通过控制中心进行遥控操作,系统自动验电后闭合接地开关,全线分、合可视化接地装置的流程现在仅需不到 10 min。这一改进大幅增加了专业设备检修时间,消除了人为挂拆接地线时可能产生的误操作风险。更重要的是,所有涉及停送电的作业均无须额外安排专业人员配合,节省了大量配合工时,经实践,根据作业量单线每年可节约 4~8 名人员。

2. 计轴电压采集模块

在以往信号计轴系统维护中,计轴系统出现异常光带后,需至少安排 1 名值班人员到现场进行扫轴,确认设备状态,并安排 1 名检修人员在室内配合计轴光带消除工作,共同确认轨行区设备状态完好,这一过程每年根据故障率需投入约 2000 工时成本。经过对信号计轴系统进行技术改造,增加计轴电压采集模块,实时将计轴电压传递至室内,检修人员能在室内直观了解室外计轴的工作状态,提前发现计轴电压异常,及时介入处理,极大地提高了检修作业效率。

3.扩大视频监控范围

日常运营中,当车站、轨行区及周边出现异味、异响等异常情况时,出于安全确认考虑,各专业需要安排人员前往现场查找异常来源,逐一确认设备状态,这一过程耗费较大的人力物力。3号线通过优化监控盲区,扩大了监控设备的监控范围,消除了关键位置监控盲区,能第一时间查看全线设备运行状态及现场环境,为快速定位异常来源提供有效手段,大大降低现场确认的人力投入,提升了判断精准度和人力的利用率。

二、车辆修程优化

地铁列车的维护维修间隔期应随着列车实际状态动态变化,使维修既不因欠量而导致故障出现,又不因过量而浪费列车维护资源。随着技术的进步,越来越多的检测设备可以辅助人工进行列车部件检测。借助已有的检测设备,加之人员对设备熟悉程度越来越深入,在试运行及初期运营前期执行"日检+均衡修+专项修"模式,2021年2月转换为"双日检+功能检+均衡修+专项修"模式,2023年4月起实行"四日检+功能检+均衡修+专项修"模式。当前,依托轮对在线监测系统、受电弓在线监测系统、360°图像检测系统等智能化设备,以及车辆设备的可靠度提升,逐步实现日常检修由"四日检"延长至"八日检"。

在现行"四日检+功能检+均衡修+专项修"模式下,随着检修人员技能不断提升,依据设备各系统的特性与前期故障表现,在2023年进行修程优化后,电客车修程故障检出率为93%。电客车均衡修、专项修、四日检、功能检、发车故障、正线故障占故障总数的比例分别为35%、5%、22%、31%、2%、5%,其中均衡修、功能检、四日检发现的故障数量占比最多,与车辆检修规程执行情况相匹配。同时,客流量不断攀升,电客车上线列次、周转频率不断提高,对现有配置下车辆检修人员的夜间检修能力、均衡修能力提出了更高要求。开通运营四年来,车辆检修人员积累了相对成熟的检修经验,工程师也深度掌握车辆技术状态,对车辆高频零部件的故障周期有了更深刻的了解,并能根据零部件检修周期进行分组,作为制订修程和维修计划的依据;各检修作业人员的技术作业熟练程度不断提升,对均衡修、四日检等常规检修项点以及技术标准掌握不断加深;车间质量管理、检修生产计划、车辆包保制度和计件工资制度逐渐成熟。

结合"四日检"检修经验,提出列检周期从"四日检"优化为"八日检",其中车底设备走行部系统借助 360°图像检测系统、智能巡检机器人等图像识别技术手段延长检查周期,替代部分人工检修作业。目前,开启了"八日检"模式的探索,对均衡修、功能检的优化工作同步开展。

1. 均衡修修程间隔调整及维修内容优化

(1)调整车辆检修策略,探索故障修、状态修。对于不影响行车的 PIS、空调两大系统及前期检修过程中故障率较低的设备、故障影响较小或具备冗余功能的部件(广播控制盒接线、LCD 屏接线、空调变频器板卡等)接线项目,取消检查,减少开关盖板频次,降低检修作业量同时提升盖板机械连接部位以及接线部位的可靠度。后续,通过检查设备显示状态和功能进行失效性甄别,如发现功能性故障,则进一步排查接线,实现故障修;重要设备的接线、继电器、端子排,则通过红外热成像仪对设备温度进行检查、统计和分析,提前排除故障隐患,逐步实现状态修。

(2)结合设备故障率,优化检修内容。根据设备故障率及可靠度,对均衡修检修内容及周期做适当调整,压缩作业时间,降低人员工作量。具体举措包括:对于前期表现可靠的部件、作业时间影响较长的开箱检查项目等,综合考虑故障率、故障诊断功能运用情况,适当降低检修频次;以高峰回厂列车回库实施均衡修及专项修为原则,盘点各月份的检修作业量,开展工时测算和工时分配等工作,将部分工时较多的均衡修项点调整至专项修,合理分配均衡修项点,避免单个月份作业量堆积,影响作业质量,实现平峰期停修目标;开发智能运维检测模型,对于智能运维系统可故障报警、健康诊断的,适当降低检修频次。

（3）结合生产作业实际,优化检修项目。停放制动手动缓解功能检查周期原定为每年4次,作业量较大,在检修过程中发现故障较少,因此将其优化为每年1次,对试车线动调中的旁路功能测试等项目也进行同样的优化及合并。

（4）结合使用频率,调整工程车辆检修间隔。工程车辆分为动力车与非动力车,其中动力车需进行热机及冷机整备作业,结合均衡修完成维护保养;非动力车仅做冷机整备,均衡修作业时检查其性能状态。运营过程中,非动力车辆使用频率低,现阶段均衡修（每月一次）存在过度维修的情况,因此周期调整为"季度检修"。

2. 功能检内容优化、整备作业融合

车辆功能检与司机整备作业融合。充分利用乘务、检修协同运作的有利条件,打破常规思路,积极整合功能检、四日检、整备作业的共同点,对作业流程进行修改,实现没有必要的项目不做、重复的项目只有一方做、谁更经济谁做、谁更方便谁做。具体措施包括:优化客室作业内容,取消巡视任务,并在此基础上对两端司机室有电检查的作业流程和作业手法进行优化,通过库内加装反光镜等形式,对前期需要双人配合作业的前照灯检查等项目进行调整。

采取八日检模式后,在管理层面和经济层面取得较为显著的成绩:

一是均衡修总时间减少,停修时间降低。通过对电客车广播控制盒接线检查、变频器检查、电抗器清洁等修程进行优化,每列车每年可节省约20人·工时;对电机润滑油、空压机油、齿轮箱油更换合并进行,每列车每年可节省约6.8人·工时;对车钩连挂、贯通道清洁、停放制动手动缓解等作业周期延长,每列车每年可节省约17.2人·工时。综上,修程优化后电客车每年均衡修预计减少44人·工时,以每班11人作业计算,每次均衡修减少20 min;以44列车计算,每年可节约1936人·工时,折合节约约1人用工成本。

另外,电客车检修作业工时分为常规检修作业工时、非常规检修作业工时和辅助工时,其中常规检修作业工时占比 47%,非常规检修作业工时占比 25.8%,辅助工时占比 27.2%。每列电客车年度常规检修作业为2290.15 人·工时,总检修作业达 4872.66 人·工时。均衡修优化后,每年可节约 1936 人·工时,相当于 0.97 人的年度工作量,等同于 0.40 列车的年度检修作业量。

二是专项更换降低辅助工时,调整周期减少作业时间。工程车专项修可充分利用单项作业流程、作业方式、工器具一致等优势,降低作业人员准备工器具及物料等辅助性工作频次。以油水更换、吹扫测量、防寒防冻、部件润滑等专项检修为计算依据,每年可节省约 128 人·工时。非动力车辆由月度检修调整为季度检修,每季度 6 台非动力车可节省约96 人·工时,全年合计约 384 人·工时。综上,每年可节省作业时间约512 人·工时。

三是提升夜间检修能力。较执行"四日检+功能检"相比,每列车八天周期内作业时长可从 300 min 缩减至 270 min,平均每日作业时长从37.5 min 缩减至 33.75 min。按照 4 组作业人员极限作业时间 270 min 计算,每日检修时间 1080 min,四日检可开展 25 列,而八日检+功能检可开展 28 列,即全面推行"八日检+功能检"后,夜间检修效率提升约 12%,相应夜间检修能力可增加 3 列车。

如在八日检基础上优化功能检作业项点,将作业时间从 30 min 压缩至 20 min,每列车八天周期内作业时长可从 270 min 缩减至 200 min,平均每日作业时长从 33.75 min 缩减至 25 min,"八日检+功能检"可开展37 列,即在八日检基础上优化功能检后,可再提升夜间检修效率约32%,夜间检修能力再增加 9 列车,进一步提升人员利用率。

检修修程优化基于近年来信息化、自动化技术的广泛应用,行业设计、制造水平不断提升的现状,从技术认知提升入手,以设备数据为依托,掌握设备运行状态,以延长检修周期为主线,突出检修重点,优化检修手段,实现不过度检修但状态更明确的检修目标,从"常规修"向"项目修"转换。这也体现了对精益运维理念的深入理解与实践,但是仍有较大提升空间。

三、探索业务委外模式

城轨交通运营企业通常会将部分运营类的非核心业务委托给专业的外部单位,使自身更专注于核心业务,从而降低成本,提高服务质量和效率。这就要求城轨交通运营业务委外单位需要具备相应的资质和能力,能够提供城轨交通运营企业所需的服务并保证质量。目前,城轨交通运营企业的业务委外人员数量(或比例)各异,根据其运营管理需求合理安排用工。

根据中国城市轨道交通协会发布的《城市轨道交通运营企业人力资源 2022 年统计分析报告》,全国平均每公里运营委外人员数量为 6.8 人。委外人员比例与企业发展阶段、线网规模之间没有直接关系,其主要影响因素是各公司的总体运营管理策略。近年来,城轨交通运营企业整体委外用工比例在 14% ~20% 之间。

委外人员中,服务委外人员占比 21.7%,主要岗位为站务员、值班员;检修委外人员占比 78.3%,主要岗位包括 AFC 检修工、车辆检修工、电扶梯检修工、段场设备检修工、房建桥隧工、供电检修工、机电检修工、接触网检修工、通信工、线路工、信号工、站台门检修工、自动化检修工等。

目前,国内地铁维保模式按维修主体主要分为三类:自主维保、委外维保、可自主或委外维保。自主维保通常针对技术含量较高、直接关系到地铁行车安全和运营收入的关键性设备或项目;当维保市场为完全竞争型时,采取委外维保;而对于技术复杂度不高、安全相关性不强或维保市场为垄断型时,可采取自主或委外维保模式。总结委外的原因,一是厂家技术封锁或技能限制无法自主维修;二是市场成熟度较高、竞争充分,承包商较多,需密集劳动力的专业设备;三是相关运维有特殊资质要求。

运营初期,技术、检修人员经验较少,对设备的性能和功能以及故障诊断和分析方面处于摸索期,需要通过实践熟悉和掌握设备系统知识,同时立足于将重复性高、劳动密集的业务和技术复杂且难度较高的业务交给成熟市场来做的原则,将部分业务委外,主要分为服务委外和委外维修两个部分。

服务委外主要包括地保巡查服务、站台岗服务、安保安检服务和保洁物业服务。以车站保洁物业服务为例,在运营过程中,探索出按保洁单位面积结算的方式购买服务,以保洁质量作为验收标准,不再强制要求保洁人数,鼓励委外单位使用年轻劳动力,这不仅有效降低了人力成本,还减少了合同费用。

委外维修采用自主维保、全委外维保和自主和委外维保相结合模式,具体各专业维保模式如表5.3所示。

表5.3 各专业维保模式

专业系统	专业	子专业	维保模式
车辆	电客车	—	自主维保
	车辆段设备	工程车检修	自主维保
		工艺设备检修	自主和委外维保相结合
供电	变电	—	自主维保
	接触网	—	自主维保
信号	信号	车载、计算机联锁、列车自动监控(ATS)、轨旁、背投、电源屏、UPS系统	自主维保
通信	通信	传输、无线、公务电话、调度电话、广播、始终、视频监控、不间断电源系统及其他设备(对讲机等)	自主维保

续表5.3

专业系统	专业	子专业	维保模式
机电	环电	环控、给排水、低压配电与照明系统	自主和委外维保相结合
	门梯	站台门、电梯	全委外维保
	自动化	火灾报警系统（FAS）	全委外维保
		环境与设备监控（BAS）	自主和委外维保相结合
		气体灭火系统、电力自动化监控（SCADA）、综合监控系统	自主维保
工建	桥房	桥梁、隧道、房建、结构检测	全委外维保
	线路	轨道、感应板	自主和委外维保相结合
AFC	AFC	闸机、自动售票机、自动验票机等	全委外维保
门禁	门禁	门禁就地控制设备、门禁工作站、门禁系统控制器、门禁交换机、门禁服务器等	自主维保

以机电专业系统为例,地铁机电设备包括环控、低压配电与照明、站台门、电梯设备等,具有专业多、种类多、品牌多、设备基数大、作业区域广且环境复杂多样的特点,故障类型呈现多样化。基于机电专业通用性强且市场成熟度高,因此选择全委外或自主与委外相结合的维保模式。

在委外单位管理过程中,会出现个别单位服务能力难以满足运营企业要求的情况,这是各家城轨运营企业在委外管理中面临的难题,主要表现在以下三个方面:

一是委外人员管理难度大。为追求利润最大化,委外单位将大部分人员薪资设置在较低水平,不愿意在项目管理上投入过多成本,导致出现委外人员数量及资质配置不到位、人员变动频繁、人员技能不足等情况。部分专业由于技术垄断、承包商资格限定等特殊因素,降低了项目的市场竞争力,使得成本管控、技术革新在一定程度上受到限制。

二是委外作业监管成本高。为保证运营安全,采取分工点、分专业跟进的委外管理模式,这造成委外配合工作量较大。部分委外单位缺乏责任心及主动性,委外维修后需要投入大量资源开展作业监管,耗费大量管理成本。

三是自有技术能力弱化。委外维修后,专业设备的日常维护、应急抢修的任务均由委外单位完成,运营企业人员角色转变为项目管理方,以现场监督和配合、指导应急处理为主,相应的技术队伍和技术力量无法得到有效锻炼,专业技术出现断层。

针对上述委外管理存在的问题,在业务委外之初明确了内部员工与委外人员集中管理的思路,通过业务委外的方式,培养内部技术人才,提高自身员工作业熟练度,最终实现在人力成本不增加的前提下,逐步缩小委外业务范围,实现自主维修,提高人才队伍的技术力量。

近些年,受维保设备数量增加和年审费用的影响,设备委外维保费用逐年增多。至今,段场工艺设备委外维保已开展 4 年,内部员工在跟进、管理过程积累了一定的实践经验,维保能力得到不断提高。2023 年,以工艺设备维保为试点,将部分常规委外维保设备变更为自主维保,深入探索"自主+委外"维保模式,以解决在岗位编制不增加的前提下,提高员工技能及劳动生产率的问题。

根据设备特性,段场设备分为特种设备、需计量设备、关键设备和常规设备。委外维保设备数量为 42 台/套;在架修设备投用后,需要维保的设备数量将增加至 75 台/套。

根据国家法律法规要求,特种设备、需计量设备的维保单位和人员须具备相关资质,无法自主完成;关键设备如举升台、洗车机等,对设备同步性、可靠性要求高,维保难度大,作业风险高,根据员工掌握技能和经验的情况,自主维修存在一定的困难;常规设备对人员资质、设备检验无特殊需求,但周期性工作较多,所需人工较多,可实现自主维修。基于此,确定委外维保设备 40 台/套,自主维保设备 35 台/套。

工艺设备工班定编 12 人,主要负责不落轮镟床、公铁两用车的维护保养,工艺设备的日常巡检及故障处理,架修设备安装、调试跟进及架修筹备各项任务。常规设备自修时,按修程核算,每月增加 105 个工时。工艺设备检修工具备设备日常维保能力,满足自主维保需求;经调研,作业人员表示每月增加的工时在可承受范围内。

采用"自主+委外"维修模式,一是深入培养员工实操技能,二是锻炼组织管理能力,为后续架修项目制管理实践积累经验,同时可节约维保成本。根据历年维保市场行情测算,75 台/套段场设备两年委外维保费用为 352 万元。按照"自主+委外"模式调整范围后,40 台/套设备两年委外维保费用为 130 万元,常规设备维保费用为 222 万元。若常规设备尝试自行维保,可节约委外费用 222 万元,按节约费用的 50% 作为专项奖励分配后,两年依然可节支 111 万元。

在服务委外方面,以站台业务为试点,开始探索安保人员与车站人员交互值守的可行性。主要是基于三个层面的原因:

(1)从站台作业内容层面分析,站台业务主要为正常情况下行车组织的接发车、运营结束清客等工作;非正常情况下行车组织配合值班站长处理站台门车门夹人夹物、人工办理进路、客运组织以及开关站等工作。大部分工作均属于常规性工作,对人员技能要求不高。

(2)从员工接受度层面分析,日均客流量 20.14 万人次,早晚高峰的潮汐客流表现较为明显。在客流量保持平稳的前提下,早晚高峰期由车站人员与安保人员共同在站台接发车、组织乘客上下车;平峰期安排一名安保人员在站台作业即可满足运营需求。

(3)从经济性层面分析,全线共配置 92 名站台岗,每年委外服务费用约为 500 万元。若取消站台业务委外,由站台安保与车站人员承担站台业务,将节约的部分费用作为专项奖励分配后,每年依然可节支百万元。

经实践证明,站台由安保人员与车站人员交互值守具备可行性,但同时也面临着安保人员流动性大、技能掌握欠佳等问题,在后续的模式探索过程中,需继续深化安保人员与车站人员的岗位融合工作。

四、绩效激励机制

在守住安全底线的基础上,如何平衡质量、服务、效益,确保生产方式与人员配置相匹配,充分激发员工活力,不断向创新驱动、效率驱动与人力资本驱动的高质量发展模式转变,配套的绩效激励机制是解决这一问题的关键。

综合考量组织效率、管理幅度、资源利用等因素,有序推进生产经营责权下放,强化绩效考核"指挥棒"作用,引导各业务中心在高质量完成年度工作的基础上,提升可持续发展能力。新技术的深入应用取代了更多的人工,为更加充分激励员工干事创业精神,制定了配套薪酬绩效管理体系。此处重点介绍以绩取薪和专项奖励两种绩效激励机制。

以绩取薪模式主要用于在人员配置冗余度不高的情况下,解决人员自然流失、休假等情况造成的阶段性人手不足的问题,各部门结合自身实际,分别制定并实施计件工资制和绩效积分制,激发员工的内在工作动力,达到多劳多得、赶优争先的管理目标。

(一)计件工资制

计件工资制是指电客车司机每人每月从工资总额中拿出固定金额的工资,形成计件资金池,以个人开行公里数乘以计件单价,同时搭配"两纪一化"、业务考核、行车事件事故定责等细则的考核机制。

经多年探索,计件工资制经历了浮动单价制、固定单价制、阶梯单价制的三级转变。

第一阶段:浮动单价制。

浮动单价制共实施 13 个月。在该制度推行之初,由于行业内可借鉴经验不多,其发展与相关的配套措施均处于探索阶段,为防止出现系统性风险,决定采取计件工资总额不变、计件单价每月浮动的方式进行计件结算。

浮动单价制对于员工的工作积极性有一定的激励作用,但由于工资总额无增量变化,激励效果偏弱。员工加班产生的公里数,无法对应计件工资总额的增长,即使用浮动单价时,加班的劳动量无法使用计件工资进行计量。

其间,67% 的员工计件工资部分有一定增长,33% 的员工计件工资部分减少,员工整体工资无增长。经统计,员工计件工资增长累计高达 5471.92 元,平均每月增长 420.92 元。

第二阶段:固定单价制。

为进一步解决浮动单价制反映出的问题,完善绩效制度,固定单价制实施 16 个月。定岗员工固定单价为 1.58 元/公里,见习期员工固定单价为 0.6 元/公里。

该制度有效解决了加班工作量无法在计件工资中体现的情况,同时促使电客车司机对自身安全驾驶应得报酬目标有清晰认知。为后续降本增效、节约人力成本提供制度基础。

其间,78% 的员工计件工资部分有一定增长,22% 的员工计件工资部分减少,员工整体平均计件工资有一定增长。经统计,员工计件工资增长累计高达 7310.14 元,平均每月增长 456.88 元。

第三阶段:阶梯单价制。

阶梯单价制自执行以来,在固定单价制的基础上,该制度进一步加大激励力度,对于公里数累计达到一定数值的人员,提高其公里数单价。设置阶梯单价,能够让员工看到预期收入,可以为员工的收入带来长期稳定的增长。

其间,96% 的员工计件工资部分有一定增长,4% 的员工计件工资部分减少(主要为下线及请休假较多的员工),员工整体平均计件工资呈现较大增长。由 2 个月的运用数据可知,员工计件工资增长累计高达 3067.7 元,当年度平均每月增长 1533.85 元。

以三年平均计件工资为基础进行统计分析,在未计算考核及封控返还的前提下,平均计件工资连续 3 年呈现正增长,且可以预见在使用阶梯单价后,平均计件工资会在后续的年度内持续增长,形成持续增长机制。从运用数据来看,2022 年平均每人工资额外增长 657 元,2023 年平均每人工资额外增长 2375.45 元。

在实施计件工资制后,计件资金池与实际发放虽略有差异,但总金额可控,在激励员工多劳多得的同时,公司也带来每月约 6.4 万元的经济效益。

(二)绩效积分制

绩效积分制是指在现行同岗不同酬薪资制度下,结合客运不同专业、不同岗位序列间的差异,在员工月岗位基础分上进行日常积分考核,且分值与工资直接关联的绩效考核机制。

因不同专业、序列间工作内容与性质存在较大差异,结合实际情况,按照管理人员、职能技术岗、中心站长、值班主任、站务员、调度员等岗位划分 13 个绩效结算池,独立考核,独立分配绩效。

同时,由于参与考核的员工人数众多且岗位庞杂,加之同岗不同酬薪资制度这一实际,客运部根据员工岗位职级薪点确定每人月岗位基础分,公式如下:

$$员工月岗位基础分 = 员工月度绩效工资额/30$$

以 2023 年一季度的考核数据为例(图 5.1),在实行绩效积分制后,员工人均绩效工资整体上涨。其中 88% 的人员绩效工资有所增加,人均绩效工资增长 536 元,全员绩效平均变化比例为 11%。员工绩效工资最高增加 2224 元,最高降低 511 元;工资变化比例最高为 49%,变化比例最低为-14%。

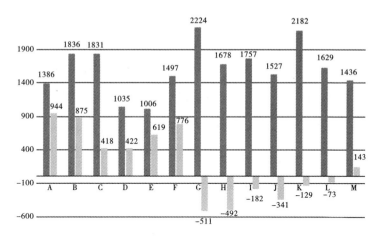

图 5.1　2023 年一季度各结算池员工两极工资统计情况

修订后新增绩效补贴积分机制,主要用于人员紧缺造成的顶岗、兼职等额外工作。实施后,员工人均绩效工资整体再度上涨。2023 年 5 月—9 月绩效补贴使用分布情况见图 5.2。

补贴积分明细

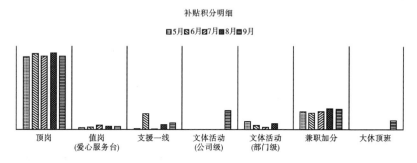

图 5.2　2023 年 5 月—9 月绩效补贴使用分布情况

绩效积分制的实行,在不增加人力成本的前提下,通过绩效补贴的方式,有效应对了人员自然流失、婚育潮等造成的人员紧缺问题,同时在一定程度上激励了员工的工作热情。

经过多年探索,3 号线将工艺设备委外模式从全委外转向"自主+委外",节省维保资金的 50% 作为员工专项绩效激励。专项绩效激励是指在不增加编制的前提下,通过改变委外业务范围,实现部分委外业务转为自主经营,将节约下的成本作为员工专项绩效激励。

工艺设备委外模式转变后,配套制定的专项绩效激励机制:根据激励额度,结合工作情况,激励分为月度、专项及年度激励。月度激励是按作业工时数,结合安全、技术、综合管理等要素,进行核算分配;专项激励主要用于激励在年度安全生产中争取荣誉、技能表现优异、有技术创新成果、积极参与重大设备故障处置、应急抢险抢修等为生产创收创效的员工;年度激励主要用于年度设备自修过程中表现优异员工的奖励。

五、人才培养机制

随着数智化在城市轨道交通行业的应用越来越深入,对人员能力要求也随之提高。自动化提高的是作业效率,但在应急等特殊情况下,设备失效,需要专业人员的处置。所以,人才培养就显得格外重要。

传统城轨运营企业在员工技能培养提升方面存在培训资源匮乏、培训方法落后、员工提升动力不足等困难。为实现人才的精准培养,基于岗位技能要求,统计培训数据,为生产岗位员工生成个人技能展示的“人才画像”。此画像主要应用于培训场景,配合开发配套的标准化课程,辅助开展差异化培训。

(一)应用培训场景的“人才画像”

人才画像的绘制是从岗位能力清单梳理入手,明确岗位六大能力板块。依据岗位能力清单,制定人才画像的评价维度,明确各岗位业务能力要求,针对性提升员工的业务能力。人才画像数据来源主要是开通运营以来的考核成绩。具体分为两项:一是理论考试成绩,包括每日一考、业务抽考、上岗取证和取证复审;二是实操考试成绩,包括实操测评、技术比武、事故事件处置、员工客服档案数据、员工票务差错数据和心理测评结果。

　　人才画像的运用主要依托客服管理系统。根据实际管理需求，按管理层级分层呈现。客服管理系统中三级人才画像见图5.3。

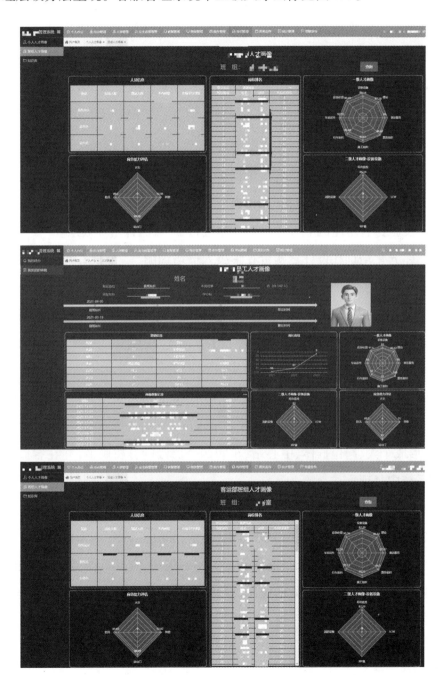

图5.3　客服管理系统中三级人才画像

（二）搭建标准化培训课程体系

标准化培训课程体系涵盖视频教程、PPT 课件、能力测试表等全套课程工具。它在客服管理系统中与人才画像功能链接，能够实现对照个人画像呈现员工技能短板的功能。点击画像短板内容，可直接跳转至相应的课程工具栏目，通过自主学习视频教程、测试试卷等方式，达到提升个人业务能力的目的。

（三）差异化培训

差异化培训主要是指班组根据群体技能画像的短板，开展班组级培训；员工根据个人技能短板，在信息化平台上学习相关课程及试题；部门每季度根据各班组的差异化培训计划进行抽考，验证培训效果。

差异化培训在设计之初旨在解决人员培训的"一个核心问题"，即培训效果评估主观性较强，缺乏数据支撑；"两个管理问题"，即培训有效管理和员工自我管理；"三个现实问题"，即培训量过大导致培训效果不佳、人才梯队培养道路不明确和培训工作方向不明确，呈"大锅烩"的培训特点。

为解决以上问题，明确实现差异化培训的路径：

一是技能量化，建成人才画像。录入员工过往考核成绩，进行汇总分析，形成个人、岗位群体、中心站、车间四个层级的分析画像，并在客服管理系统中呈现。

二是结合指标，开展差异化培训。搭建标准化培训课程体系，进一步压实各层级培训管理责任，采取班组、科室、部门三层级培训体系。

三是查找短板，推动技能创新。对照班组级、室级的画像分析，查找技能短板。结合薪酬绩效的应用，推动班组级技能创新工作，营造比学赶超的学习和创新氛围。

后 记

我们努力做行业内有影响力的专业人士。

在新质生产力理念的引领下,不仅催生了一系列的技术革新,还促使城市轨道交通行业重新审视和优化其规划、建设与运营模式。城轨运营企业将高新技术融入日常运营,通过数字化转型,实现了运营流程的精细化管理,确保了城市轨道交通系统的安全高效运行。

经过多年的实践探索,我们获益于技术创新,精简了不必要的工作环节,实现了人员配置的最优化,降低了运营成本。不仅提升了工作效率,而且更加专注于核心业务的发展,形成了对新质生产力背景下城轨运营的独特理解。

作为一家"小而美"的城轨运营企业,所有微小的实践扩展应用都有其价值。我们处在快速发展的科技时代中,持续关注并紧跟行业技术发展是生存之道。立足脚下,着眼眼前,洞察前方,我们持续吸纳行业内的成熟技术,推动企业更加智慧、绿色、高效,为乘客提供更加优质、便捷的出行,助力城市可持续发展。

专业术语对照表

序号	英文缩写	汉语名词
1	PPP	政府和社会资本合作
2	AFC	自动售检票
3	BAS	环境与设备监控
4	UPS 电源	不间断电源
5	AW0	空载
6	AW1	每节车厢载客 42 人
7	AW2	每节车厢载客 295 人,6 人/m^2
8	AW3	每节车厢载客 420 人,9 人/m^2
9	TCMS	列车控制和监控系统
10	PIS	乘客信息系统
11	HMI	地铁列车信号系统
12	MMI	人机界面
13	CCTV	闭路电视监控系统
14	EDRM	以太网数据记录模块
15	PLC	可编程逻辑控制器
16	IC 卡	集成电路卡
17	LED	发光二极管
18	LCD	液晶显示屏
19	LCU	逻辑控制单元
20	MVB	多功能车辆总线
21	CAN	现场总线
22	VIO	虚拟输入输出
23	APE	辅助逆变器
24	API	直转交逆变器
25	AC	交流电

序号	英文缩写	汉语名词
26	DC	直流电
27	LVPS	低压电源
28	bypass	光旁路保护技术
29	IO	输入/输出
30	HSCB	高速断路器
31	EP2002	电器指令式制动控制系统
32	ATC	列车自动控制系统
33	OA	办公自动化
34	PC	个人电脑
35	B/S	浏览器/服务器
36	OCC	运营控制中心
37	GIS	地理信息系统
38	ATO	列车自动驾驶
39	ATS	列车自动监控
40	PWM	脉冲宽度调制
41	MOS 管	调光金属-氧化物半导体场效应晶体管
42	DCU	设备控制单元
43	EGWM	网关模块
44	BCU	制动控制单元
45	FAS	火灾报警系统
46	RRU	远端射频模块
47	POI	多系统合路平台
48	RTK	实时动态定位技术
49	UWB/BT	超宽带/蓝牙
50	ATP	列车自动防护
51	DCC	车辆段/场控制中心
52	PSTN	公共交换电话网络
53	SCADA	电力自动化监控
54	GPS	全球定位系统

序号	英文缩写	汉语名词
55	AI	人工智能
56	IoT	物联网
57	JAVA+ NGINX + SQL SERVER	后端开发语言+高性能网站服务器+关系型数据库
58	5G	第五代通信网络技术
59	A 型车	一种城市轨道交通车辆类型,单节车体基本长度为 22 m、宽 3 m
60	B 型车	一种城市轨道交通车辆类型,单节车体基本长度为 19 m、宽 2.8 m
61	lx	勒克斯,照度单位

参考文献

[1]刘菊美.城市轨道交通可持续经营:广州地铁运营发展探索和实践[M].北京:人民交通出版社,2022.

[2]王先进,蔡昌俊,杨新征.中国城市轨道交通运营发展报告 2022—2023[M].北京:社会科学文献出版社,2023.

[3]王先进,贾文峥.中国城市轨道交通运营发展报告 2021—2022[M].北京:社会科学文献出版社,2022.

[4]王天义,韩志峰.中国 PPP 年度发展报告 2022[M].北京:社会科学文献出版社,2022.

[5]深圳地铁运营集团有限公司.深圳地铁运营概论[M].成都:西南交通大学出版社,2019.

[6]中国城市轨道交通协会.城市轨道交通运营企业人力资源 2022 年统计分析报告[J].城市轨道交通,2024(1):18-25.

[7]丁建隆.新时代城市轨道交通创新与发展　广州 2019[M].北京:人民交通出版社,2019.

[8]交通运输部官网.2023 年城市轨道交通运营数据[J].城市轨道交通研究,2024,27(2):264.

[9]中国城市轨道交通智慧城轨发展纲要[J].城市轨道交通,2020(4):8-23.

[10]王良良,康旭,朱越,等.中低运量轨道交通系统"数智化"发展分析[J].城市轨道交通研究,2024,27(9):330-333.

[11]《地铁车辆通用技术条件》国家标准[J].安全,2007,28(3):65.

[12]2023 年交通运输行业发展统计公报[N].中国交通报,2024-06-18(002).

[13]2022 年交通运输行业发展统计公报［N］.中国交通报,2023-06-16 (002).

[14]新华社.中共中央　国务院印发《交通强国建设纲要》［J］.交通财 会,2019(10):4-8.

[15]中国城市轨道交通协会.城市轨道交通运营企业人力资源 2022 年 统计分析报告［J］.城市轨道交通,2024(1):18-25.